CASTROCHAVISMO

Crimen organizado en Las Américas

CARLOS SANCHEZ BERZAIN

Fondo Editorial del Interamerican Institute for Democracy

ISBN: 9781086373035

Diseño: www.alexlib.com

Fondo Editorial
Interamerican Institute for Democracy
2100 Coral Way. Ste. 500
Miami, FL 33145
U.S.A.
Tel: (786) 409-4554
Fax: (786) 409-4576
www.intdemocratic.org
iid@intdemocratic.org

A los perseguidos, presos y exilados políticos, a las familias de los asesinados y de todas las víctimas de la delincuencia organizada transnacional que es el "castrochavismo", con la promesa de que habrá justica y terminará la impunidad.

ÍNDICE

5. BOLIVIA

PRÓLOGO

Intensidad y compromiso

Manuel Aguilera
hispanopost.com

Por el cielo de Miami sobrevuelan muchos estereotipos. Esta es la razón por la cual, cuando llegué a la ciudad hace más de una década, procedente de Madrid, nunca pensé que podría conocer y llegar a presumir de la amistad del autor de este libro, Carlos Sánchez Berzaín. Me atraía la definición que hizo célebre el exalcalde Tomás Regalado, "Miami es la ciudad de América Latina más cercana a los EE. UU.". Desde luego una invitación a seguir haciendo por estos lares lo único que se me da un poco bien y con lo que me he ganado la vida desde mi juventud, el periodismo. Pero frente a su posición geográfica envidiable y su composición humana fuente inagotable de historias, Miami soporta desde hace décadas el peso tópico de lugar de sol y playa, ideal para vivir en un bucle eterno de fiesta y superficialidad.

Ninguna de estas características definen al gran Carlos Alberto Montaner, intelectual de referencia que ha contado de todas las maneras posibles la cara siniestra del régimen castrista. Gracias a los artículos, libros e intervenciones de Montaner he alimentado mi alma periodística y política, además de haber compuesto en mi mente la radiografía de la que parece eterna tiranía cubana, que tenemos que seguir combatiendo por tierra, mar y aire. Pero, igualmente, hay algo que le agradezco especialmente a Montaner y es que él fue la persona que me presentó a Carlos Sánchez Berzaín,

La intensidad y el compromiso de Berzaín con la democracia, la ley y la institucionalidad en América Latina le han convertido en el martillo más efectivo y demoledor contra esa suerte de regímenes que él engloba bajo la categoría de "dictaduras del siglo XXI".

Hace años que yo y otros muchos tenemos una cita semanal con él para devorar sus artículos y ensayos que son publicados en distintos medios de EE. UU. y Latinoamérica. Yo tuve el honor de invitarle a las páginas impresas de Diario Las Américas y después a las digitales de HispanoPost.com.

En "Castrochavismo, crimen organizado en Las Américas" ustedes van a encontrar una serie de artículos y ensayos en los que denuncia y disecciona los abusos de los dictadores modernos, la evolución del ejercicio de la tiranía que ha cambiado los uniformes militares por la ropa deportiva. El pronunciamiento violento y con armas por el populismo y el engaño a los votantes. Todo con el objetivo de perpetuarse en el poder a costa de lo que sea, incluido la comisión de delitos propios de la mafia siciliana. El asesinato de la separación de poderes, la decapitación de Montesquieu se produce ahora -te llames Lula, Maduro, Morales, Ortega o Correa- desde la teórica legitimidad de lo conseguido en un teatro de apariencia democrática. Siempre bajo la directriz de alguien de apellido Castro, llámese Fidel o Raúl.

Desde luego que Carlos Sánchez Berzaín no representa la superficialidad del estereotipo miamense por lo que tampoco sus escritos pecan de ello. Certero en el diagnóstico, siempre completa la ecuación con la aportación de sus soluciones, ya sea desde un aspecto legal o político. Por supuesto que recomiendo la lectura de este libro a todos aquellos que les apasione la política o la historia reciente de Latinoamérica pero también hago un llamado a los políticos en activo que luchan por la vuelta o consolidación de la democracia en sus países.

Bolsonaro, Guaidó y otros cuantos deberían tener este libro y sus esclarecedoras columnas en la mesilla de noche. Y para los que le seguimos semana a semana nos viene muy bien el ejercicio de la relectura para entre otras cosas constatar aquello de "nos lo dijo" o "tenía toda la razón.

Espero seguir contando de aquí a la eternidad con la amistad de Carlos Sánchez Berzaín. Seguir compartiendo mesa con un buen vino de sus charlas, análisis y consejos. Cuento con ello pero además hago público el deseo de que algún día pueda regresar a su Bolivia natal para ocupar el lugar en la historia que se merece. La historia de un luchador por la democracia. Hasta que ese día llegue, disfrutemos de sus escritos y reflexiones.

Pasen y lean.

1

CONCEPTOS E HISTORIA

CASTROCHAVISMO

"Castrochavismo" es la denominación que describe el sistema de crimen organizado transnacional que usurpa el poder político en Cuba, Venezuela, Bolivia y Nicaragua, que debe ser tratado como una estructura de delincuencia organizada y no como un proceso político. La gravedad, recurrencia, reincidencia e impunidad de los crímenes que cometen los Castro, Diaz Canel, Maduro, Morales, Ortega-Murillo y los integrantes de sus regímenes, sumada a la estructura transnacional que han desarrollado, ha reducido a "estado de indefensión" a los pueblos oprimidos y representa la amenaza más grave para la paz y seguridad de las Américas.

Las dictaduras que hoy existen en Cuba, Venezuela, Bolivia y Nicaragua, a partir de la sociedad entre Hugo Chávez y Fidel Castro, son una estructura de "delincuencia organizada transnacional" y no un proceso político. Es el señalamiento de una cuestión jurídica, social y de seguridad fundamental. Se trata de la continuación de una batalla por la verdad, empezando por llamar las cosas por su nombre, para poder reconocer y entender la realidad con objetividad y realismo.

En el siglo XXI la comunidad internacional, los gobiernos, los académicos, la prensa libre y la sociedad, han resistido -y algunos aún resisten- reconocer que las dictaduras se han multiplicado en las Américas y que en lugar de una dictadura, la de Cuba que existía en solitario en 1999, veinte años después hay cuatro dictaduras que tienen a las democracias bajo permanente amenaza y conspiración.

Uno de mis primeros libros en el ámbito del análisis de esta situación es *La Dictadura del siglo XXI* en Bolivia[1], que demuestra documentalmente que en Bolivia se instaló una dictadura a partir del año 2006. Este libro recoge y desarrolla el concepto de dictaduras que llegan al poder mediante elecciones y que con sucesivos golpes de estado liquidan la democracia, aportado por Oswaldo Hurtado el ex Presidente de Ecuador, que escribió Dictaduras del socialismo del siglo XXI el caso ecuatoriano.

En mi libro *Las Dos Américas Democracia y Dictadura*[2] planteo a las reflexiones y demostración sobre la existencia de dos Américas. No dos Américas desde el punto de vista cultural, la latina y la anglosajona; no dos Américas desde el punto de vista de la economía, la del primer mundo y la del tercer mundo; no dos Américas por el grado de desarrollo, la desarrollada y la subdesarrollada o en vías de desarrollo; no dos Américas, ni siquiera socialmente hablando, sino dos Américas organizadas y divididas por los elementos esenciales y las condiciones de la democracia. Un grupo de dictaduras lideradas por Cuba y que estaban integradas por Venezuela, Nicaragua, Bolivia, Ecuador con Rafael Correa y que tenían alineadas a la Argentina los Kirchner, el Brasil del Partido los Trabajadores con Lula/Rousseff, una presencia muy extendida y control en centro América con el Petrocaribe y de la Organización de Estados Americanos (OEA).

Las Dos Américas conforman un eje de confrontación en el que el control perpetuo y arbitrario del poder por una parte marcaba las dictaduras con la ideología como pretexto, frente a la democracia con respeto a los derechos humanos, alternancia en el poder, rendición de

1. Sanchez Berzain, Carlos. *La Dictadura del Siglo XXI en Bolivia*. Fondo Editorial Interamerican Institute for Democracy. Amazon.com. 2013
2. Sánchez Berzain, Carlos. *Las Dos Americas, Democracia y Dictadura*. Fondo Editorial Interamerican Institute for Democracy. Amazon.com. 2017

cuentas y elecciones libres, declarativamente protegida por el sistema interamericano consagrado -entre otras- por la carta democrática interamericana.

Ahora presento *Castrochavismo*, un neologismo, una sola palabra. Una palabra que representa dos personajes que han marcado la historia de lo que va del siglo XXI en las Américas, Castro y Chávez. Acompaño el título con una frase de su título que además de señalar la característica fundamental de los nombrados es una definición. *Crimen organizado en las Américas* describe el sistema de delincuencia institucionalizada, recurrente, reincidente, transnacional e impune, como forma de gestión y usurpación del poder en los estados bajo control dictatorial que hoy son Cuba con Raúl Castro Diaz Canel, Venezuela con Nicolás Maduro, Bolivia con Evo Morales y Nicaragua con Daniel Ortega-Rosario Murillo.

Esto tiene una historia que ustedes conocen pero que me voy a permitir recordar. El año 1999 había una sola dictadura en las Américas que era la dictadura castrista en Cuba, que luego de 40 años de detentar el poder pasaba lo peor de su autodenominado periodo especial. Estaba agonizando, pues al empezar esa década había caído el muro de Berlín y se había destruido la Unión Soviética y como consecuencia esa dictadura había quedado sin el auspicio y el soporte económico, como entidad parasita que siempre fue. Entonces sucedió que ganó las elecciones presidenciales y tomó el gobierno de Venezuela el militar Hugo Chávez, golpista adulado y protegido en su momento por Fidel Castro, quien de inmediato corrió hacia Cuba y formó o reactivó una alianza, una sociedad criminal, que al principio fue imperceptible y que ha cambiado y ha marcado hasta ahora la historia del siglo XXI en las Américas. Así fue creado esto que hoy debemos llamar Castrochavismo.

De 1959 a 1999 la dictadura de Cuba es "castrismo". De 1999 en adelante "castrochavismo" liderado por Hugo Chávez hasta su muerte.

A partir de la alianza con Chávez el nuevo proyecto reconoció el claro liderazgo de Chávez por el aporte y control del dinero y petróleo de Venezuela, utilizados como principales instrumentos de maniobra, coacción, desestabilización y soborno. Empezó como populismo, progresista, de izquierda y con denominaciones de Movimiento ALBA (Alianza Bolivariana para los pueblos de nuestra América), movimiento bolivariano, después de unos años socialismo del siglo XXI y hoy *Castrochavismo*. Desde su inicio, el castrochavismo buscó presentarse como un movimiento político, populista y democrático, resultando por los hechos y la constatación de la realidad objetiva que tales características eran solo apariencia, coartada o máscara para cubrir la verdadera naturaleza del más grande y sin precedentes grupo de delincuencia organizada transnacional que detenta poder político.

Cuando en 1999 se unen Chávez y Castro, un Chávez muy frágil y con un gobierno inestable buscaba estabilidad y soporte político que consigue con el sistema de seguridad dictatorial y los servicios de represión del castrismo que terminarán por ser impuestos en Venezuela. Fidel Castro recibe dinero y petróleo para sacar a Cuba de la hambruna y pone en marcha la recreación su fracasado y agonizante proyecto que él llama revolución, con el que controlaba Cuba desde el año 1959, que había ensangrentado las Américas con las guerrillas de los años 60, que la había seguido ensangrentando con la de los años 70 y los 80 con la guerrilla urbana, sabotaje, narco guerrillas y el terrorismo, y que se fue más allá de las Américas llegando a Angola, pero que estaba inoperable porque se le derrumbó la fuente de financiamiento soviética que puso fin a la Guerra Fría.

A Castro le llega una nueva fuente de financiamiento para sus acciones conspirativas y criminales con la entrega que hace Chávez no solo del dinero y petróleo de Venezuela sino, como lo constatamos hoy, de Venezuela entera. Esto permite al único dictador de ese momento, reactivarse bajo el nombre de movimiento bolivariano o proyecto ALBA, activando el castrismo puro y duro y disfrazarlo de democracia con el dinero de Venezuela, empezar a producir conspiraciones, caídas y derrocamientos de líderes democráticos: el primero se produce en la Argentina, es el presidente De La Rua quien cae; el segundo se produce en el Ecuador y es Jamil Mahuad del que paga el precio; el tercero es el derrocamiento del Presidente Gonzalo Sánchez de Lozada en Bolivia; el cuarto es en Ecuador y cae el Presidente Lucio Gutiérrez; derrocan también al Secretario General de la Organización de Estados Americanos (OEA) Miguel Ángel Rodríguez, que acababa de ser electo, creándole un falso caso de corrupción en Costa Rica donde termina detenido ilegalmente, quedando abierto el espacio para que llegue Insulsa. Lo demás es historia conocida, el dominio y liderazgo de América Latina por Chávez hasta su muerte y luego por los dictadores Castro de Cuba.

Chávez y Castro inician con el nuevo siglo una historia de destrucción de la democracia en las Américas, prontamente agravada por los ataques terroristas del 11 de septiembre de 2001 contra los Estados Unidos que producen la consecuencia política del abandono de la región por el país líder de la democracia. La naciente organización castrochavista se expande y toma el poder en Brasil Lula da Silva con el Partido de los Trabajadores, que utilizaría el gobierno para fortalecer el flujo extraordinario de recursos económicos con la corrupción transnacional, siendo una muestra de tales crímenes el renombrado caso "lava jato-Odebrecht" entre otros.

La destrucción de la democracia se hace notoria, el exilio que era simplemente cubano se convierte en regional con venezolanos, bolivianos, nicaragüenses, ecuatorianos, argentinos, centroamericanos. Surge el señalamiento del asunto por el ex presidente Oswaldo Hurtado desde Ecuador frente al avasallamiento de Rafael Correa contra la institucionalidad y la República. Denuncio la existencia y consolidación de la dictadura de Morales en Bolivia. Carlos Alberto Montaner, desde sus columnas y programas, hace notar la expansión del poder castrista, Armando Valladares en sus conferencias y denuncias los señala y otros muchos autores testimonian la proliferación de regímenes dictatoriales promovidos por Chávez y Castro. Estos trabajos, conferencias y foros llaman la atención, pero se produce una reacción de incredulidad con el argumento de que las dictaduras articuladas por Chávez y Castro seguían siendo de democracias porque hacían elecciones. Elecciones en Venezuela, elecciones en Nicaragua, elecciones en Ecuador y en Bolivia pero soslayando y encubriendo que habían destrozado todo el ordenamiento legal y constitucional, acabado con el estado de derecho y creado una realidad con leyes infames[3] -que son leyes que violan los derechos humanos y las garantías fundamentales- para establecer un régimen cuasi legal que es criminal.

Es importante recordar que la Carta Democrática Interamericana suscrita en Lima el 11 de septiembre de 2001 por todos los países de las Américas con excepción de la dictadura de Cuba, tiene valor obligatorio para los estados miembros de la OEA. Es un instrumento mandatorio deliberadamente ignorado durante todo el periodo de control de la OEA por el castrochavismo bajo la secretaria General de Insulza y aplicado parcialmente en la gestión reciente.

La Carta Democrática Interamericana establece en su Artículo Primero que "Los pueblos de América tienen derecho a la democracia y sus gobiernos la obligación de promoverla y defenderla". El Artículo Tercero manda que "Son elementos esenciales de la democracia representativa, entre otros, el respeto a los derechos humanos y las libertades fundamentales; el acceso al poder y su ejercicio con

---

3. "Ley infame" es la norma que elaborada y establecida siguiendo el procedimiento formal para su creación, viola en su objeto y/o contenido los derechos humanos o las libertades fundamentales" Son leyes que los regímenes castrochavistas aprueban con el control que tienen del Poder Legislativo, sostienen con el dominio que tienen del control de constitucionalidad y que aplican con el control que tienen de los fiscales y jueces del régimen. En "Presos Politicos de los regimenes de delincuencia Organizada" Carlos Sánchez Berzain. Infobae 28 de Mayo 2018

sujeción al estado de derecho; la celebración de elecciones periódicas, libres, justas y basadas en el sufragio universal y secreto como expresión de la soberanía del pueblo; el régimen plural de partidos y organizaciones políticas; y la separación e independencia de los poderes públicos.

Desde al año 2003 en mis escritos, conferencias, declaraciones de prensa, trabajos académicos y libros, sostengo reiteradamente que la ausencia de uno solo de los elementos "esenciales" hace desaparecer la democracia y que en los países con gobiernos establecidos por Castro y Chávez, como en Venezuela, Ecuador con Correa, Bolivia con Morales y Nicaragua con Ortega, no se cumplen ni existen ninguno de los elementos esenciales de la democracia, con la agravante de que todos estos tienen presos y exiliados políticos, persecución judicializada y han liquidado la libertad de prensa.

Hoy en día se usan elecciones como medio de simulación hasta en Cuba, que acaba de falsificar la reforma una constitución que es solo un estatuto de control de la dictadura. La manipulación de los procesos electorales sin la existencia de ninguno de los elementos esenciales de la democracia por parte del castrochavismo es otra cadena de crímenes que nos lleva a un concepto que planteo al estudio de la ciencia política, el de "dictadura electoralista".

La dictadura electoralista es el "régimen político que por la fuerza o violencia concentra todo el poder en una persona o en un grupo u organización y reprime los derechos humanos y las libertades fundamentales y que usa las elecciones ilegítimas, sin libertad y sin justicia, con fraude y corrupción, para perpetuarse indefinidamente en el poder". Se trata de una expresión de una cadena de crímenes que usurpan la voluntad popular y la soberanía de los pueblos. En dictadura electoralista "se vota pero no se elige", ojo con eso, "se vota pero no se elige", para simular democracia y reclamar legitimidad internacional, que con mecanismos de propaganda y manipulación de algunos organismos internacionales, bien lubricados, les funciona aunque cada vez con mayores dificultades porque los delitos ya están en evidencia y los ciudadanos en resistencia y rebeldía.

En la historia del castrochavismo, este pasó por la etapa en la que se autodenominaba socialismo del siglo XXI, recubriéndose de ideología, tratando se presentarse como un proyecto progresista y democrático. En ese esfuerzo en el que intentó infructuosamente mantenerse operó con el Foro de Sao Paulo que es un instrumento que aparece como un grupo de izquierdas organizado por Cuba como respuesta al derrumbe de la Unión Soviética. Además crea organismos y organizaciones reclamando ser populistas, reclamando ser izquierdistas, reclamando ser progresistas, reclamando ser socialistas, algunos incluso comunistas, pero tratando de mantenerse en el ámbito de lo político y de la política, cuando en verdad de lo que se trataba era de encubrir una estructura criminal.

En estos 20 años de Castrochavismo, en la transformación del castrismo puro al castrochavismo sucede un fenómeno muy interesante en su jefatura. El líder, el jefe era el que ponía el dinero y ese era indiscutiblemente Hugo Chávez, pero resulta que Chávez muere —muy convenientemente para la dictadura cubana— y los Castro y Cuba asumen el liderazgo, y ese liderazgo los lleva al liderazgo de América Latina, primero a la cumbre de Panamá de la OEA donde hay un encuentro con el presidente de los EEUU y una apertura que reconoce tal liderazgo de la dictadura más antigua en América Latina. Si Chávez siguiera vivo, seguramente el término sería chavezcastrismo, pero hoy el grupo criminal está bajo la clara e indiscutible jefatura de Castro y Cuba.

Cuba, que estaba separada de la OEA por violar la libertad, la democracia y ser una amenaza contra la paz y la seguridad internacionales, es casi rogada para que se reintegre a la OEA y sin aceptar reingresar va a la cumbre de Panamá al mando de los países latinoamericanos frente a los EEUU con el reconocimiento expreso de este. Después de la cumbre de Panamá, que consagra el liderazgo de América Latina en manos de Castro y Cuba, lo que sobreviene es la apertura de relaciones entre EEUU y la visita del presidente norteamericano a Cuba. Sin duda el momento de mayor triunfo político del crimen organizado sobre la democracia.

Durante este siglo XXI, América Latina ha tenido dos liderazgos claros. Primero Hugo Chávez que actuaba como líder indiscutible porque manejaba el dinero y la prebenda, teniendo a Fidel Castro como una especie de oráculo en la Habana donde todos los jefes de estado y de gobierno realizaban visitas de homenaje. La muerte de Chávez que en algún momento debe ser objeto de una seria investigación histórica por el extraordinario beneficio y poder que le deja a Cuba, determina el cambio de poder a manos de los Castro, de Venezuela a Cuba hasta que entraron en crisis.

Sostengo que hoy América Latina no tiene un liderazgo y que se está librando una lucha que ya no es la confrontación que yo relaté en mi libro las dos Américas, entre dictadura y democracia. Siguen habiendo dos Américas que se confrontan, pero ahora son una América democrática y una controlada por una organización criminal. La confrontación se expresa con la conspiración permanente, amenazas contra la seguridad y la integridad de los estados, terrorismo, narcotráfico, violación a los derechos humanos, crímenes de lesa humanidad, crímenes contra la naturaleza, devastación de recursos naturales y protegidos y más.

Esa América criminal, la castrochavista, que no es política, es el objetivo de este libro en el que mediante estudios de caso, análisis, columnas, ensayos y datos de la realidad objetiva demuestro que el castrochavismo que hoy día controla a Cuba, Venezuela, Bolivia y Nicaragua bajo la figura de dictaduras, dictaduras electoralistas o dictaduras de delincuencia organizada transnacional, es una entidad criminal que hay que separar de la política y que hay que tratar como un crimen organizado trasnacional en el marco de la Convención de Palermo[4] y otras normas, sin inmunidades ni privilegios inherentes a los jefes de Estado o de Gobierno.

El castrochavismo tuvo el liderazgo de América Latina con Chávez y después con los Castro, pero entran en crisis porque los pueblos empiezan a tener problemas, porque el modelo estatista y criminal de estos regímenes conduce a la crisis y son muy malos administradores con hiper corrupción Han hecho desaparecer la riqueza de Venezuela, ya no existen más los altos precios de las materias primas que los ayudaron, los pueblos luchan por su libertad y aparecen los conflictos internos y así pierden el control de gran parte de la región. Pierden también el control de la OEA.

Las dictaduras del castrochavismo están hoy en una situación de crisis con grandes esfuerzos para sobrevivir, siguiendo el modelo de la dictadura de Cuba que se jacta de tener 60 años en el poder. Este es un nuevo escenario, un escenario de defensa en el cual el castrochavismno en vez de mantener su expansión, se ha agotado, está en evidencia y se ha reducido al control de Cuba, Venezuela, Bolivia y Nicaragua. La última perdida es la de Ecuador que gracias a la visión del que fuera candidato y sucesor del dictador Correa, el hoy presidente Lenin Moreno, ha salido claramente de esa esfera.

Las dictaduras castrochavistas están en crisis pero no derrotadas. Están señaladas como regímenes violadores de los derechos humanos, no tienen estado de derecho, no existe división ni independencia de los poderes públicos, son narco estados y creadores de miseria. Para mantenerse en el poder aplican la estrategia uniforme de "resistir a toda costa, desestabilizar la democracias, politizar su situación y negociar". La jefatura estratégica es de la dictadura cubana que ha convertido en metodología de control social y político el ejercicio de

---

4. Organizacion de Naciones Unidas. Año 2000. Convención contra la Delincuencia Organizada Transnacional o Convencion de Palermo. Tratado multilateral.

la delincuencia organizada desde el poder del estado y ha expandido estas prácticas a Venezuela, Nicaragua y Bolivia, operadas por personal cubano.

El primer elemento de su estrategia, la "retención del poder a toda costa", se prueba observando lo que pasa en Nicaragua y cuánta gente han torturado, encarcelado y matado en este último año; observando Venezuela donde sucede lo mismo; mirando a Cuba donde se reprime y todo el tiempo con presos políticos y crímenes; observando Bolivia donde la presidenta de la asamblea de derechos humanos acaba de informar que hay 131 muertes sin investigar por matanzas que el gobierno ha cometido y más de 100 presos políticos, y que ACNUR, la organización de las Naciones Unidas para los refugiados tiene registrados a más de 1.200 bolivianos exiliados en Brasil, Perú, Estados Unidos, España y Paraguay.

El segundo elemento de su estrategia es "desestabilizar las democracias", para lo que conspiran contra la gente que los acusa y contra los gobiernos que defienden la democracia. Hay conspiración desde la Argentina hasta EEUU, hay conspiración en el Perú, hay conspiración en Panamá, hay conspiración en Colombia donde reponen la lucha armada de las FARC, hay conspiración en el Brasil porque tienen mucho dinero para exacerbar genuinos reclamos que pueden haber a la sociedad y convertirlos en acciones de desestabilización política con la que negocian y extorsionan. La desestabilización va desde la manejo de noticias falsas y el asesinato de la reputación de líderes a los que señalan como de derecha, hasta acciones criminales de terrorismo, secuestros y narco guerrillas.

El tercer elemento de su estrategia consiste en "politizar su situación y sus actos criminales" y eso tiene que ver con este libro. Cuando las dictaduras de Cuba, Venezuela, Bolivia, Nicaragua apresan indebidamente a un ciudadano, lo torturan e incluso lo matan, le llaman defensa de la revolución, no es asesinato, no es tortura, no es crimen, es defensa de la revolución y así construyen sus causas de justificación criminal. Las cuatro dictaduras son narco estados y para justificarse sostienen que "el narcotráfico es un instrumento de lucha por la liberación de los pueblos", repitiendo y afinando la falacia que empezó con Fidel Castro en los 60, repitió el Che Guevara, y que Evo Morales proclamó el año 2016 en las Naciones Unidas diciendo que "la lucha contra el narcotráfico es un instrumento del imperialismo para oprimir a los pueblos", o sea revolucionariamente, es decir, criminalmente, en el castrochavismo hay justificativo para todos los crímenes. Si queda alguna duda veamos lo que acaba de pasar con el criminal narcotraficante que se ha fugado de Colombia a Venezuela; Santrich se ha proclamado un perseguido por la derecha y por el tremendo y feroz gobierno de Colombia, cuando este es un criminal que debería estar en la cárcel porque aún después de haber firmado el tratado de paz estaba traficando y lo han filmado y lo han fotografiado y no puede haber más prueba plena que aquella. O que tal los jefes de la narco guerrilla del ELN de Colombia ¡bajo protección en Cuba! Este tercer elemento la estrategia del castrochavismo que consiste en politizar sus crímenes, sirve para que cuando asesinan a cualquier persona dicen que es defensa de la revolución, cuando torturan dicen defienden el proceso popular de la liberación de los pueblos y así sucesivamente, cometen cada día más crímenes para mantener en impunidad los anteriores y seguir detentando el poder.

El cuarto elemento de la estrategia castrochavista es "negociar". Negocian porque con eso ganan tiempo, desmoralizan al adversario, cobran facturas a sus aliados o extorsionan a terceros estados para lograr su apoyo o por lo menos neutralizarlos. Hacen una buena mezcla de esto cuatro elementos y sobreviven de esa manera.

Entre los muchos casos que prueban que las dictaduras de Cuba, Venezuela, Bolivia y Nicaragua son crimen organizado y no política, resaltan los de Cuba, que nos presenta como ejemplo notable el "tráfico de médicos esclavos", con la coartada de internacionalismo para la cooperación y liberación de los pueblos, cuando en verdad, lejos de ser ayuda social para los brasileros, bolivianos, ecuatorianos, venezolanos, adonde mandan médicos, es esclavismo puro y duro en el siglo XXI. Por cada médico o profesional cobran un dinero pero el dinero va a la dictadura Cuba y los pobres médicos son los esclavos que tienen las familias secuestradas en Cuba, no tienen pasaportes, y todo con la intermediación de la Organización Panamericana de la Salud al servicio de un crimen tipificado y condenado por el anexo segundo de la Convención de Palermo.

En el Brasil, gracias a la decisión del Presidente Bolsonaro, el tráfico de personas con médicos esclavos en el programa "mais médicos" ha cesado, pero siguen los médicos y otros tipos de esclavos cubanos en Bolivia, Venezuela, Nicaragua y otros países. Eso es delincuencia organizada, pero continúa recibiendo el aval de que estamos ante un hecho político, una relación de gobiernos para traficar personas, hasta un acto de cooperación en vez de señalarlo con claridad como el hecho criminal que constituye.

Otros crímenes del castrochavismo, hechos públicos y notorios, son: narcotráfico, simulación y fraude electoral, torturas y asesinatos, presos y exiliados políticos, atentados contra la libertad de prensa, corruptela y enriquecimiento ilícito de familiares y miembros de las dictaduras paseando sus fortunas mal habidas por el mundo, asociaciones delictivas para lavar recursos procedentes de las actividades criminales, confiscaciones de propiedad privada (hay que recordar que la propiedad privada es un derecho humano proclamado por el Articulo 19 de la Declaración Universal de los Derechos Humanos). Todo eso y más es puro crimen, no es política.

Insisto en que la política está basada en el respeto del "estado de derecho" que es simplemente que "nadie puede estar por encima de la ley", en la temporalidad de la función pública, la rendición de cuentas y la responsabilidad pública, donde se puede enfrentar a un adversario, pero el crimen organizado no tiene adversarios, tiene enemigos. La diferencia es que al adversario se le vence o convence, al enemigo se elimina, y esto explica la cantidad de crímenes que el castrochavismo comete en las Américas.

El manejo criminal que hacen estas dictaduras en delitos contra la libertad de las personas está sucediendo en Nicaragua, donde el régimen toma presos, negocia su libertad y los libera para volverlos a tomar, con el manejo de esa dinámica para amedrentar a la gente. Lo mismo en Venezuela, donde hay centenares de presos políticos. Las dictaduras castrochavistas han hecho del manejo de la justicia un mecanismo de persecución y represión política, otro ámbito de su actividad criminal con el que además de demostrar que no existe división ni independencia de poderes, violan prácticamente todos los derechos de la gente. La "judicialización de la represión política" es otro concepto resultante de la naturaleza criminal de castrochavismo.

Uno de los ejemplos más cercanos a mí de la acción del crimen organizado, se ejecuta en este momento Bolivia, mi país, donde el castrochavismo repite un *iter ciminis* ya ejecutado en Venezuela y Nicaragua. La frase en latín significa "proceso de desarrollo del delito", el camino que un delincuente atraviesa desde el momento que idea el delito, pasando por la preparación y ejecución de los pasos intermedios, hasta acabar con la consumación del acto criminal.

En Bolivia hay elecciones el 20 de octubre de este año. Son elecciones del castrochavismo, dictadura electoralista donde se vota pero no se elige. Veremos un breve resumen de los crímenes que se han cometido y se cometen: Evo Morales suplantó la constitución política del Estado y liquidó la república de Bolivia en 2009, estableciendo una constitución que creó un estado plurinacional. En esa constitución, fundada en falsificaciones, masacres y exilio —porque así la hizo aprobar—, establece que él se puede elegir una vez más, solo una vez. Se elige de inmediato en el año 2009 y cuando en 2014, vencido ese mandato va de nuevo a la reelección, ya no se puede reelegir pero Morales pide una interpretación a su Tribunal Constitucional, y éste dice que habiéndose extinguido la república de Bolivia y nacido el estado plurinacional del año 2009, Evo Morales en el estado plurinacional solo ha sido elegido una vez, o sea que esta es la primera reelección y él puede candidatear el 2014, o sea que simulan criminalmente que Morales nunca llegó a la presidencia con la República de Bolivia cometiendo delito de prevaricato y delito de falsedad de material falsedad ideológica, puro crimen organizado.

No estamos hablando de política, porque si fuera política habría un órgano constitucional, una corte suprema que ejerza el control de la constitucionalidad y que diga que eso no puede pasar porque no es "estado de derecho", pero en el crimen organizado los fallos están caracterizados por el prevaricato y los jueces son solo instrumentos dependientes del poder y a su servicio. La cadena criminal continúa y Evo Morales, después de reelegirse ilegalmente el 2014, hace un referéndum buscando ser reelegido indefinidamente, y pese al fraude y la manipulación, el 21 de febrero de 2016 pierde, Bolivia le dice NO. Esto se resume hoy en "21F Bolivia dijo NO". Pero tal resultado solo marca el inicio de una nueva serie de delitos bajo la coartada de política y "proceso de cambio" en Bolivia.

En estas condiciones y para ser candidato a las elecciones del 20 de octubre de este año, Evo Morales manda perpetrar un nuevo prevaricato a su Tribunal Constitucional y a su Tribunal Supremo Electoral que con sentencias y fallos lo han habilitado con el argumento de que "ser candidato es un derecho humano", ignorando el mandato del Artículo 32.2 de la misma Convención Americana sobre Derechos Humanos que dicen aplicar, que manda que "los derechos de cada persona están limitados por los derechos de los demás, por la seguridad de todos y por las justas exigencias del bien común, en una sociedad democrática"[5].

Los crímenes siguen y suman en el denominado proceso electoral de Bolivia y la presencia de "candidatos funcionales" que habilitan al candidato usurpador, sostienen la farsa del régimen y debilitan la defensa del retorno a la democracia. Pero el pueblo lucha y prepara la "resistencia civil".

Los pueblos de Cuba, Venezuela, Nicaragua y Bolivia están luchando contra las dictaduras que los oprimen, pero no se trata de un opresor local o nacional, se enfrentan a un enemigo transnacional y unido por el objetivo de retener indefinidamente el poder como el mejor mecanismo de impunidad.

El castrochavismo, como estructura de crimen organizado transnacional, es un poderosísimo usurpador con mucho dinero, mucha fuerza armada criminal, control de muchos medios de comunicación y muchos mercenarios de diversas especialidades a su servicio, que ha puesto en extremo "estado de indefensión" a los pueblos que oprime.

Reitero que el eje de confrontación hoy es entre la democracia y el castrochavismo o crimen organizado que ha tomado el poder político. No es una confrontación ideológica, es un tema de sobrevivencia en el que se juega una forma de vida fundada en la libertad y la justicia.

Si somos capaces de llamar a las cosas por su nombre y de tratarlas como corresponde, recuperaremos más rápidamente la democracia y la vida republicana en Cuba , Venezuela , Bolivia y Nicaragua y la podremos mantener en el resto de los países. Mientras existan dictaduras no habrá paz ni seguridad en las Américas.

---

5. Convención Americana sobre Derechos Humanos. Pacto de San José. Costa Rica 7 al 22 de Noviembre de 1969.

2

DICTADURAS DE
DELINCUENCIA ORGANIZADA

DICTADURAS CASTROCHAVISTAS SON DELINCUENCIA EN EL PODER POLÍTICO

07 de enero de 2018

La alianza Castro-Chávez para recrear el castrismo con petrolero y dinero venezolano sacó de su agonía a la dictadura de Cuba y dio lugar a las dictaduras castrochavistas en Venezuela, Nicaragua y Bolivia (con Ecuador de salida). Se presentaron como movimientos políticos por la liberación de los pueblos, como de izquierda, bolivarianos, socialistas y usaron violencia, golpes de estado y elecciones para acabar con partidos políticos, líderes y democracia. La realidad demuestra que el castrochavismo es delincuencia que ha tomado el poder político.

Es vital diferenciar y separar lo que es "política" en sentido de actividad pública, de lo que es "delincuencia organizada" y "crimen". Una cosa es la política con sus ideologías, pragmatismos, imperfecciones, errores, crisis, incluso afectada por la corrupción, pero otra cosa muy diferente es la política y el poder bajo control de delincuentes asociados para hacer de la política su instrumento principal en la perpetración de delitos, organización criminal, toma y control indefinido del poder con fines delictivos y de impunidad.

Política en su acepción amplia según su etimología griega "es el arte de gobernar o la intención de hacerlo". Se anota que "en cualquier acepción en que el vocablo se utilice, y persiga uno u otro objetivo, aparece en forma potencial o efectiva una forma de proceder, una práctica, una serie de hechos al servicio de una idea". La política es el "arte, doctrina u opinión referente al gobierno de los Estados", " la actividad de quienes rigen o aspiran a regir los asuntos públicos" y "la actividad del ciudadano cuando interviene en los asuntos públicos".

La política es lícita, esto es que actúa en el ámbito de ser "justa, permitida, según justicia y razón" porque es de orden y de servicio público. La política es totalmente contrapuesta al delito que es "la culpa, el quebrantamiento de la ley y toda acción u omisión penada por ley". Mientras la política se ocupa del "proceso de tomar decisiones en beneficio de la sociedad" lo criminal es toda "acción indebida y represible" que atenta contra lo que la sociedad protege y contra la sociedad misma. La política es servicio público y el delito y la delincuencia son peligro público.

La realidad objetiva muestra que las dictaduras de Cuba, Venezuela, Nicaragua y Bolivia cometen permanente y reincidentemente de todo tipo de delitos. Los más graves son contra la vida, la integridad física y la libertad de las personas por medio de asesinatos, masacres, persecución política judicializada, presos políticos, exiliados políticos, torturas y crímenes de lesa humanidad que incluyen el hambre y la miseria como mecanismo de control. Los delitos económicos superan la calificación de corrupción pues han destrozado los sistemas productivos, saqueado las empresas públicas, formado grupos de nuevos ricos o burguesías del régimen, llevado las deudas externa e interna a sumas impagables, comprometido los recursos naturales y la economía de los pueblos por decenas de años.

Justifican el narcotráfico como "instrumento de lucha antiimperialista" como repite Evo Morales en la ONU con el respaldo de los demás dictadores; Venezuela es el eje del tráfico y controlan la producción de cocaína de los sindicatos de Evo Morales y de las FARC de Colombia; la dictadura cubana es activa en estos delitos desde tiempos de la guerra, lavado de dinero señala a Nicaragua.

Los Castro, Maduro, Ortega, Morales y sus regímenes no dejan un solo delito de la legislación penal sin cometer, incluyendo delitos sexuales, falsificación, secuestro, extorsión y encubrimiento. La única diferencia con la "mafia" es que el castrochavismo controla el poder político por lo menos cuatro países.

No son gobiernos corruptos, es delincuencia organizada que maneja el poder político y tiene planeado retenerlo indefinidamente. No son políticos que cometen delitos, son delincuentes que hacen política para delinquir y encubrir sus crímenes. No son gobernantes, son "grupos delictivos organizados" que cometen "delitos graves".

NO pueden seguir siendo tratados como políticos y menos como dignatarios de estado. Los criminales no tienen inmunidades ni privilegios, la soberanía no es protección del crimen organizado transnacional y la comunidad internacional NO puede ser cómplice.

MÉDICOS ESCLAVOS SON FUERZAS
DE OCUPACIÓN CASTROCHAVISTAS

21 de enero de 2018

El envío de médicos por la dictadura cubana al mundo con la falacia de "solidaridad" o "cooperación" es la aplicación en el siglo XXI del "internacionalismo castrista" que inició las guerrillas en América Latina desde los años sesenta. La dictadura ha integrado una fuerza política internacional con su mayor fuente de ingresos, organizada con personas sometidas, a las que usa en adoctrinamiento, infiltración, inteligencia, control social, movilizaciones y seguridad, cobrando miles de millones de dólares por los servicios profesionales con los que encubre su intervención. Los médicos esclavos son las "fuerzas de ocupación castrochavista".

El régimen cubano ha informado que sus médicos trabajan en 62 países, que "en 35 Cuba cobra por los servicios médicos". La "venta de servicios profesionales" básicamente médicos es el principal ingreso declarado de la dictadura cubana con "un monto estimado de 11.543 millones de dólares anuales" entre 2011 y 2015. Su segundo ingreso son las remesas desde Estados Unidos de 3.354 millones de dólares el año 2015 y en tercero el turismo con 2.800 millones el año 2016.

Los médicos cubanos trabajan por y para el régimen en 24 países de América Latina y el Caribe. Brasil, Venezuela, Bolivia, Ecuador destacan por el número de médicos cubanos bajo dependencia y control del estado cubano, por medio de contratos por los que Cuba percibe el pago por los servicios prestados, montos de los cuales solo una parte —se estima inferior al 25%— es recibida por los médicos. La Organización Panamericana de la Salud (OPS) es intermediaria del sistema esclavista del siglo XXI.

En la Cuba dictatorial estudiar una profesión es una puerta al futuro con miras a formar parte de la estructura del poder o liberarse en algún momento de la opresión, pero tiene el precio de el adoctrinamiento y el reclutamiento obligatorio para servir incondicionalmente al régimen. En la Cuba castrista ninguna profesión es libre, los profesionales son funcionarios dependientes que pertenecen al estado, al régimen, al dictador.

El entrenamiento político y formación militar operativa es condición esencial para ser "internacionalista" cubano. Trabajar en el exterior es una mejoría importante respecto a la miseria de la isla, aunque el régimen se quede con la mayor parte del salario que cobra por el trabajo del individuo "fruto de la revolución". Los grupos que son enviados al exterior están organizados jerárquicamente, con mando efectivo, vertical, obligaciones políticas y control permanente. La familia que queda en Cuba cumple el papel de una forma de rehenes para el buen comportamiento del "internacionalista".

La recepción de médicos y profesionales cubanos se ha generalizado en los países de América Latina controlados o bajo influencia del castrochavismo. En Brasil con Lula y Rousseff, en Venezuela con Chávez y Maduro, en Ecuador con Correa, en Bolivia con Morales, en Chile con Bachelet y en los países del Petrocaribe hay miles de médicos cubanos. Sus capacidades profesionales han sido observadas y cuestionadas, pero pese a crear conflictos con profesionales locales y tener incluso casos de mala práctica han sido impuestos con el pretexto de "cooperación" por las actividades políticas y operativas que cumplen.

En las dictaduras de Venezuela, Bolivia y Nicaragua el rol político de los "médicos internacionalistas" es vital para el sistema castrochavista. Son ubicados generalmente en zonas populares y rurales con el pretexto de falta de servicios que irán a cubrir y se incorporan a la comunidad. Hacen adoctrinamiento y propaganda para el régimen, campaña contra quienes identifican como "enemigos del cambio o de la revolución", tareas de identificación de resistencia o liderazgos democráticos, reclutamiento y organización política. Cumplen tareas de información e inteligencia y cuando hay conflicto son grupos operativos.

Además de fichas de intervención, de transnacionalización de la subversión antidemocrática y crimen organizado, los "internacionalistas cubanos" son víctimas de esclavismo, porque son forzados a producir divisas para la dictadura que les roba su trabajo. Lo prueban las fugas de Venezuela y Bolivia y las revueltas de los médicos cubanos en Brasil denunciadas por *The New York Times* bajo el título "te cansas de ser un esclavo".

DICTADURAS CASTROCHAVISTAS FABRICAN, DIVIDEN Y MANIPULAN OPOSICIÓN

05 de febrero de 2018

Los regímenes de Venezuela y Bolivia cuanto más debilitados por su espiral de crisis y rechazo ciudadano están, más necesitan simular democracia forzando procesos electorales amañados para presentar fraudulentos triunfos que suplantan la voluntad popular. Como no tienen el control social y acción criminal de la dictadura cubana para simular elecciones con partido único y sin oposición, Nicolás Maduro y Evo Morales necesitan que exista oposición y la fabrican, dividen y manipulan.

He sostenido y reitero que en las dictaduras de América Latina, el uso del término "oposición política" es inadecuado o por lo menos impreciso porque cuando no existe democracia no hay oposición sino resistencia y lucha por la recuperación de la democracia. La oposición política es la "expresión de contradicción imprescindible en el proceso democrático de formación de la voluntad política y es consustancial a la libertad, los derechos humanos, el pluralismo y la alternancia en el poder", y tiene como característica esencial la posibilidad de "ser gobierno por medio de elecciones".

En democracia la oposición política tiene la posibilidad y el derecho de pactar con o contra el gobierno, puede ser diversa y plural y puede estar dividida o unida por cuestiones ideológicas, programáticas e incluso de interés. La libertad de expresión y la libertad de prensa garantizan la dinámica democrática en el marco del respeto de la ley. Cuando NO hay democracia como en Cuba, Venezuela, Bolivia y Nicaragua, es el régimen el que fija las condiciones, los límites, el alcance e incluso los liderazgos de la oposición, esto es que "fabrica su oposición", como una jaula, más allá de la que el admitido como opositor no puede actuar.

Cuba, Venezuela, Bolivia y Nicaragua tienen hoy regímenes con el control de todo el poder, sin libertad de prensa, sin división ni independencia de poderes y con manipulación abierta del sistema judicial como mecanismo de represión, persecución política y de encubrimiento de los crímenes de los Castro, Chávez, Maduro, Morales y Ortega y sus entornos. Por eso son dictaduras, que además tienen perseguidos políticos, presos y exiliados políticos a quienes —por la fuerza— mantienen fuera de la actividad política en territorio nacional y obviamente de las elecciones y candidaturas.

En una Venezuela con crisis humanitaria, con centenas de presos políticos y miles de exiliados políticos, la ilegítima y criminal asamblea constituyente han adelantado elecciones, inhabilitado candidatos y tiene todo preparado para el triunfo del dictador Nicolás Maduro como candidato oficialista. En una Bolivia con decenas de presos políticos y más de mil exiliados políticos, los jueces infames del régimen han desconocido el referéndum del 21 de Febrero de 2016 (21F) habilitando al dictador Evo Morales para poner en escena su elección el 2019 y perpetuarse en el poder.

Fabrican su oposición escogiendo a quienes la integrarán y les imponen lo que deben hacer, con el claro límite de que quien sea opositor de verdad tendrá persecución, cárcel, exilio o muerte como destino. Luego dividen esa oposición manejando abiertamente un sistema de premios y castigos expresado en beneficios económicos, favores y privilegios notorios, que los pueblos ven y empiezan a señalar.

La manipulación de la oposición va desde habilitar o inhabilitar candidatos hasta pactos secretos pero evidentes en los que, por ejemplo, la dictadura alienta candidaturas liberando presos políticos o el retorno de algún exiliado "para que sea opositor". Imponen la existencia de numerosos candidatos de oposición. Denuncian como "conspiración" cualquier proyecto o invocación de unidad como en Bolivia y cuando se logra la unidad como en caso de la MUD en Venezuela, la penetran, la dividen y la hacen explotar. Si algún opositor real logra ser candidato no tiene opción alguna.

En esas condiciones nadie puede ganarle una elección al dictador Maduro en Venezuela ni al dictador Morales en Bolivia, porque NO son elecciones son "tragicomedias criminales" para las que además de tener institucionalizado su sistema de fraude, fabrican, dividen y manipulan su oposición, reduciéndola —con los instrumentos y practicas criminales castrochavistas— a débiles rehenes, cómplices o simuladores que seguirán teniendo un buen pasar.

¿SALE ECUADOR DEL GRUPO DE DICTADURAS CASTROCHAVISTAS?

11 de febrero de 2018

Los resultados del referendo y consulta popular del 4 de febrero en Ecuador son la orden inequívoca del pueblo para que el Gobierno restaure la democracia. No es un tema ideológico, se trata de restituir los elementos que Rafael Correa y su régimen suprimieron, como lo hicieron en Venezuela, Bolivia y Nicaragua, en el modelo al que el expresidente de Ecuador Osvaldo Hurtado denunció como "dictaduras del socialismo del siglo XXI". Lenin Moreno está fortalecido pero hay dudas sobre si quiere y puede sacar a Ecuador del grupo de las dictaduras castrochavistas.

Recordemos que "castrochavismo" es el acrónimo del "proyecto de Fidel Castro y Hugo Chávez, que con las capacidades subversivas del régimen dictatorial cubano y el petróleo venezolano recrearon a partir de 1999 la expansión del comunismo castrista, antidemocrático, con discurso antiimperialista". Con mucho dinero y crímenes se expandió en la región hasta controlar –en su mejor momento– la mayoría de los estados de la Organización de Estados Americanos (OEA) y la misma Organización. El castrochavismo, hoy en crisis, controla Cuba, Venezuela, Bolivia y Nicaragua, con señales de salida de Ecuador e influencia países del Petrocaribe.

Cuando el 15 de enero de 2007 Rafael Correa llegó a la Presidencia de Ecuador, sometió su país al eje Caracas-La Habana. Fueron desapareciendo los elementos de la democracia por: violación institucionalizada de los derechos humanos y las libertades individuales; control por Correa de todos los poderes del estado; uso de la justicia como medio de represión y persecución política y confiscación; desaparición del "estado de derecho"; perseguidos, presos y exiliados políticos; control de medios de comunicación y anulación de la libertad de prensa; fraude electoral; apoyo a grupos narco-terroristas como las FARC; desaparición del control público y corrupción; atropello a indígenas y sus territorios; enajenación del patrimonio nacional; reelección indefinida y más.

El 24 de mayo de 2017 Correa dejó el poder en manos de su "delfín" Lenín Moreno. Un Ecuador en crisis económica, sobre endeudado sin determinación de montos y en crisis, con perseguidos, presos y exiliados políticos, denuncias de fraude electoral, encubrimiento de la corrupción e impunidad sin precedentes, sin prensa libre y ejerciendo como dictadura castrochavista. Tal vez fue esta vergonzosa y gravísima realidad la que llevó a Lenín Moreno a proponerse ser el Presidente del Ecuador en lugar de ser el sucesor y encubridor del dictador Rafael Correa, y buscar el cambio por vía del referéndum y consulta popular.

Ahora que Lenín Moreno ha recargado su capital político y tiene el mandato –que ha superado los dos tercios de votos en promedio– para restituir la democracia en Ecuador, la cuestión es si quiere y puede hacerlo, si los entornos políticos del régimen post-correista lo permitirán, y si no se dejará neutralizar por la amenaza internacionalista del castrochavismo. El discurso de Moreno es interesante pero miembros de su Gobierno no actúan en consecuencia, sus relaciones con las dictaduras lo mantienen bajo sospecha y su política exterior sigue siendo correista.

No se trata de un asunto ideológico porque Lenin Moreno, ni su Gobierno, ni nadie, necesitan dejar de ser izquierdistas ni progresistas para ser democráticos y cumplir la Carta Democrática

Interamericana, la Declaración Universal de Derechos Humanos y la Constitución. No es ni de derecha ni de izquierda retornar al estado de derecho, respetar la división e independencia de poderes, los derechos humanos, liberar los presos políticos, cesar las persecuciones, auspiciar el retorno de los exiliados, respetar la libertad de prensa.

Tampoco es cuestión ideológica sacar a Ecuador del cada vez más pequeño grupo de gobiernos que encubridores de las dictaduras de Cuba, Venezuela, Bolivia y Nicaragua. Las dictaduras de los Castro en Cuba, Nicolás Maduro en Venezuela, Evo Morales en Bolivia y los Ortega en Nicaragua representan narcotráfico, terrorismo, migración forzada, exilio, crisis y control del poder por grupos delictivos y eso NO es política es crimen organizado. Cuando de crimen se trata no hay derechas ni izquierdas, solo delincuentes y el presidente Lenín Moreno tiene la oportunidad de no quedar atrapado en la trama delictiva del catrochavismo.

UN NUEVO TIEMPO DE CERO TOLERANCIA A LAS DICTADURAS EN LAS AMÉRICAS

18 de febrero de 2018

La crisis humanitaria a la que ha llevado el castrochavismo al pueblo de Venezuela, está forzando a los gobiernos de la región y del mundo a recordar la importancia de defender la democracia. El acelerado y despiadado proceso de consolidación de la dictadura de Nicolás Maduro lo ha convertido en indeseable, objeto de repudio general y en una amenaza para la paz y seguridad internacionales. Solo los regímenes de Cuba, Bolivia, Nicaragua y Ecuador defienden a Maduro, mientras se fortalece un nuevo tiempo de cero tolerancia a las dictaduras en las Américas.

En lo que va del siglo, pero sobre todo después de la Carta Democrática Interamericana (Lima-Perú 11 de septiembre de 2001) la mayoría de los gobiernos de la región, permitieron, coadyuvaron o participaron en la formación de las dictaduras del socialismo del siglo XXI o castrochavistas. Unos por acción y otros por omisión, pero casi todos bajo la irresistible presión de los recursos venezolanos malversados por Hugo Chávez, los negocios del Foro de Sao Paolo —ahora en destape con el "lavajato" brasilero— o la amenaza y el miedo operados por Fidel Castro y su renovada capacidad de desestabilización con recursos de Venezuela.

Soslayaron como renuncias los derrocamientos de Argentina (2001), Bolivia (2003) y Ecuador (2000 y 2005) y del Secretario General de la OEA (2004); convirtieron a la dictadura cubana en referencia política y luego le reconocieron liderazgo regional; permitieron la vergonzosa violación de los objetivos y principios de la OEA bajo presión de Chávez y Castro en los 10 años de gestión de Insulza como Secretario General.

Se dejaron seducir o constreñir por un sistema de crimen organizado que ha reemplazado la política, controlando el poder en Cuba con los Castro, en Venezuela con Chávez y Maduro, en Bolivia con Evo Morales, en Nicaragua con los Ortega, al parecer aún en Ecuador con el esquema de Correa, e influyendo con dádiva petrolera en los países del Petrocaribe.

Lo que hoy sucede en Venezuela es resultado de casi dos décadas de progresivos y sostenidos atropellos a la libertad y la democracia, violaciones a los derechos humanos, persecuciones, fraudes electorales, corrupción, violación de la soberanía, enajenación del patrimonio nacional, asalto a los recursos del estado y privados, suplantación institucional, asesinatos, masacres, liquidación de la libertad de prensa, terminación del estado de derecho, desaparición de la división e independencia de los poderes públicos, control de la oposición, presos y exiliados políticos, narcotráfico y todo lo necesario hasta hacer de Venezuela un "narcoestado dictatorial castrista con crisis humanitaria".

Guardando tiempos y distancias, parece la historia de Cuba de los sesenta que se repite. La dictadura debe consolidarse y entonces encarcela, reprime, mata, genera hambruna y fuerza por miedo e inseguridad la migración de los ciudadanos que podrían hacerle frente. El detalle es que estamos en el siglo XXI con revolución tecnológica y comunicacional, con internet, redes sociales e información ciudadana en tiempo real, que muestran a la dictadura criminal y antinacional que hoy oprime a los venezolanos. A diferencia de la Cuba de los sesenta, la falacia ideológica, el pretexto liberador y la retórica antiimperialista ya no convencen a nadie.

Por estas razones el dictador Maduro en Venezuela tiene muy pocas probabilidades de sostenerse en el poder ilegítimo que detenta. La comunidad democrática internacional, ha entendido que por interés y seguridad propia debe evitar que Venezuela sea la segunda dictadura consolidada de las Américas, a la que le siguen las dictaduras de Bolivia y Nicaragua. Liberar pronto a Venezuela es una necesidad estratégica.

La dictadura de los Castro en Cuba ha sometido a su pueblo a una permanente crisis humanitaria pero sabe que no va más. La dictadura de Evo Morales ha tornado Bolivia en otro narcoestado, va solo un par de capítulos atrasada en el libreto venezolano de crímenes y crisis. La dictadura de los Ortega en Nicaragua con un modelo pro burguesía de corte más somocista que castrista ya está en evidencia. Está más claro que nunca que existen "Dos Américas", la democrática y la dictatorial y que las dos no pueden coexistir. Es el tiempo de cero tolerancia a las dictaduras en las Américas.

NARCOESTADOS Y DICTADORES ANTIMPERIALISTAS DE VENEZUELA Y BOLIVIA

04 de marzo de 2018

La terminación de la democracia y el establecimiento de dictaduras con mascarón populista, en Venezuela, Bolivia, Nicaragua, el Ecuador de Correa y la amenaza sobre Colombia, como operación de Cuba, tienen el elemento esencial de control del poder político para el narcotráfico que buscan tapar con el antiimperialismo contra Estados Unidos. Para el castrochavismo el narcotráfico es central en su estrategia, lo que no se debe ignorar en la lucha por la democracia en narcoestados con dictadores autoproclamados antiimperialistas como Venezuela, Bolivia y otros aún encubiertos.

La historia muestra casos de toma parcial del poder por el narcotráfico o de control temporal como candidatos o parlamentarios en Colombia, o el dictador Noriega en Panamá. Sin embargo, hasta la alianza entre Hugo Chávez y Fidel Castro que integró el denominado movimiento bolivariano, socialismo del siglo XXI o simplemente "castrochavismo" , nunca se había visto el control de varios países desde los que se cometen todos los delitos de narcotráfico y se les defiende internacionalmente.

El neologismo de "narcoestado" describe a los "países cuyas instituciones políticas están influenciadas de manera importante por el narcotráfico, y cuyos dirigentes son al mismo tiempo funcionarios gubernamentales y miembros de las redes de producción o tráfico de drogas narcóticas ilegales, amparándose en sus potestades legales para la actividad criminal". Medios de prensa, representantes internacionales, estudiosos e incluso la evidencia de fallos judiciales, dan a Venezuela con Nicolás Maduro y a Bolivia con Evo Morales la condición de narcoestados.

Algunas pruebas en el caso de Venezuela son los sobrinos de la esposa del dictador Maduro condenados por narcotráfico en Nueva York, o la acción de salvataje desde Aruba como cuestión de estado de Venezuela del general exjefe de la inteligencia del régimen "pollo Carvajal" para evitar su extradición a EEUU. Hoy Venezuela está señalada como el "eje del narcotráfico" de cocaína de las FARC de Colombia y con ruta oficial de tráfico desde el territorio boliviano controlado por Evo Morales.

En Bolivia, el líder máximo y perpetuo de los cocaleros, Evo Morales, es el jefe del estado plurinacional donde "por ley" ha incrementado en 83% el cultivo de coca "legal" de 12.000 a 22.000 hectáreas y ha llevado la coca ilegal de 3.000 hectáreas existentes el año 2003 en que derrocaron al Presidente Sánchez de Lozada, a 50.000 hectáreas. Los sindicatos cocaleros del Trópico de Cochabamba son su principal base política de movilización y de represión, como en la masacre de Cochabamba de 11 de enero de 2007. Los cocaleros de Morales se han integrado —bajo protección del estado— a la producción de cocaína.

El Senador Roger Pinto, hoy muerto en un "accidente de aviación" en curso de investigación en Brasil, fue perseguido, forzado a refugiarse en la embajada de Brasil en la Paz y luego exiliado, por haber denunciado a Evo Morales la conexión de vuelos oficiales con droga de Bolivia a Venezuela. El jefe antinarcóticos de Evo Morales, coronel René Sanabria, fue detenido por la DEA traficando cocaína y está sentenciado por jueces de EEUU donde cumple prisión.

Ambos regímenes, los de Venezuela y Bolivia, han expulsado a la DEA que cumplía tareas de inteligencia y coordinación internacional con altos niveles de eficiencia en la lucha contra el narcotráfico y han expulsado a los embajadores de los EEUU. Rafael Correa en Ecuador, en la misma política pronarcotráfico disfrazada de antiimperialismo, expulsó a la DEA, al Embajador y retiró a los EEUU la base antinarcóticos de Manta.

Además los narcoestados defienden su actividad ilícita como tema de política internacional: Evo Morales en sus discursos en la ONU —apoyado por Cuba, Venezuela, Ecuador, Nicaragua— ha pedido la despenalización, ha acusado a la DEA de los propios crímenes de Morales como es su hábito y ha proclamado que "la lucha contra el narcotráfico es un instrumento del imperialismo".

Brasil, Argentina y Chile, inundados por la droga desde Bolivia, han empezado a tomar acciones, el gobierno de Colombia ya reacciona contra la dictadura de Venezuela, Ecuador parece que sale del grupo de narcoestados y la embajadora de los EEUU en la ONU, Nikky Haley, ha calificado a "Venezuela de narcoestado violento que amenaza al mundo".

DIFERENCIAR Y SEPARAR LA POLÍTICA
DEL CRIMEN ORGANIZADO

11 de marzo de 2018

La realidad de las Américas se agrava porque el castrochavismo demuestra que sus acciones y objetivos no son cuestión política y que corresponden íntegramente al ámbito del crimen organizado. La división entre países con democracia y bajo dictaduras es ya insuficiente. Los regímenes de Cuba, Venezuela, Bolivia, Nicaragua y el Ecuador de Correa, además de haber establecido gobiernos de facto concentrando todo el poder y sostenidos por la violencia, están en el ámbito de la delincuencia organizada transnacional. Urge diferenciar y separar la política del crimen organizado, dando a cada cual su lugar.

La Convención de Palermo, de la que son signatarios Cuba, Venezuela, Bolivia, Nicaragua, Ecuador y todos los países de las Américas, define que un "grupo delictivo organizado" es "un grupo estructurado de tres o más personas que exista durante cierto tiempo y que actúe concertadamente con el propósito de cometer uno o más delitos graves o delitos tipificados con arreglo a la presente convención con miras a obtener, directa o indirectamente, un beneficio económico u otro beneficio de orden material". En esa definición están comprendidos los regímenes liderados por Castro, Chávez-Maduro, Morales, Ortega y Correa.

La Convención de Palermo define "delito grave" como la "conducta que constituye un delito punible con una privación de libertad máxima de al menos cuatro años o con una pena más grave". Los jefes castrochavistas no han dejado delito sin cometer, pero como demostración de que son habituales y reincidentes perpetradores de "delitos graves" veamos los atentados contra la vida y la libertad, asesinatos, detenciones indebidas, torturas, delitos contra la economía de sus estados, corrupción, falsificaciones de todo tipo, suplantación de autoridad, usurpación de poder, atribuirse los derechos del pueblo, traición a la patria, robo agravado, sobornos, asaltos, secuestros, extorsiones, narcotráfico, conspiración, encubrimiento, trata de personas, contrabando, terrorismo y delitos comunes y de lesa humanidad.

Un "grupo estructurado" es "un grupo no formado fortuitamente para la comisión inmediata de un delito y en el que no necesariamente se haya asignado a sus miembros funciones formalmente definidas ni haya continuidad en la condición de miembro o exista una estructura desarrollada". En el caso de Cuba, Venezuela, Bolivia y Nicaragua la definición de "grupo estructurado" es por demás aplicable sin salvedades porque en el castrochavismo hay asignación de funciones y tienen estructura desarrollada e institucionalizada en los estados que controlan.

Por "bienes se entenderá los activos de cualquier tipo, corporales o incorporales, muebles o inmuebles, tangibles o intangibles, y los documentos o instrumentos legales que acrediten la propiedad u otros derechos sobre dichos activos". Por "producto del delito se entenderá los bienes de cualquier índole derivados u obtenidos directa o indirectamente de la comisión de un delito". Así tenemos que el principal bien producto del delito del grupo estructurado de delincuencia organizada que comenzó como "movimiento bolivariano", "socialismo del siglo XXI" y hoy "castrochavismo" es "ejercer y retener ilegítimamente el poder público", y con la detentación indefinida del poder, cometer y encubrir todo tipo de delitos.

Se han expandido desde Cuba y controlan Venezuela, Bolivia y Nicaragua, operan como organización transnacional y se presentan como proyecto político con ideología de izquierda populista, socialista o comunista según convenga. Con el dinero del crimen controlan e influyen medios de comunicación, lobbies, abogados, relacionistas, personalidades, instituciones e incluso gobiernos para sostener la apariencia de movimiento político de lo que es en realidad una organización criminal sin precedentes.

Con "producto del delito" controlan y/o influyen organismos internacionales como Petrocaribe, la OEA, la ONU y hacen alianzas con gobiernos antidemocráticos, consiguiendo y negociando posiciones, desde donde en lugar de proteger el sistema lo tergiversan y lo ponen a su servicio para proteger el narcotráfico, el terrorismo y los delitos que cometen a diario para sostenerse indefinidamente en el poder.

La mayor amenaza contra la democracia, la paz y seguridad internacionales en las Américas es el crimen organizado que controla Cuba, Venezuela, Bolivia y Nicaragua con Ecuador en curso de salida del modelo. Los gobiernos democráticos deben entenderlo, separar la política del crimen organizado, y actuar en consecuencia por seguridad propia, porque el peligro es tan grande que quienes no lo hicieron están hoy presos, exiliados o muertos.

DICTADORES Y CRIMEN ORGANIZADO EN LA CUMBRE DE LAS AMÉRICAS DE LIMA

1 de abril de 2018

Gobernabilidad democrática frente a la corrupción es el tema central de la Octava Cumbre de las Américas (del 10 al 14 de abril, en Lima, Perú) en una región dividida en "dos Américas", entre países con democracia y regímenes dictatoriales de crimen organizado. Ninguno de los elementos esenciales de la democracia se respeta en Cuba, Venezuela, Bolivia y Nicaragua, cuyos gobernantes tienen la corrupción y la impunidad como objetivo para detentar indefinidamente el poder. Este delicado contexto es el desafío para los líderes democráticos de las Américas que necesitan diferenciarse de los jefes del crimen organizado.

La Organización de Estados Americanos (OEA) tiene como fundamento la Carta Democrática Interamericana, por la que son "elementos esenciales de la democracia, entre otros, el respeto a los derechos humanos y las libertades fundamentales; el acceso al poder y su ejercicio con sujeción al estado de derecho; la celebración de elecciones periódicas, libres, justas y basadas en el sufragio universal y secreto como expresión de la soberanía del pueblo; el régimen plural de partidos y organizaciones políticas; y la separación e independencia de los poderes públicos".

Las cumbres de las Américas "son encuentros periódicos que re-únen a los Jefes de Estado y de Gobierno democráticamente electos de las Américas para debatir y tomar decisiones sobre temas de relevancia para la región". Están concebidas para "debatir sobre aspectos políticos compartidos, afirmar valores comunes y comprometerse a acciones concertadas a nivel nacional y regional con el fin de hacer frente a desafíos presentes y futuros que enfrentan los países de las Américas"

La "gobernabilidad" de acuerdo a la OEA significa "estabilidad institucional y política, y efectividad en la toma de decisiones y la administración…". El PNUD enfoca la "gobernabilidad democrática" como "el desafío de elaborar instituciones y procesos que respondan mejor a las necesidades de los ciudadanos ordinarios, incluidos los pobres", buscando "fomentar la participación, la responsabilidad y la eficacia en todos los niveles".

Este marco de principios e institucionalidad permite diferenciar lo que es la corrupción en democracia como delito y hecho político, de lo que es la corrupción como elemento esencial de los regímenes no democráticos que han hecho del poder el instrumento del crimen organizado transnacional en el ámbito la Convención de Palermo.

En democracia la corrupción no es la regla, es el defecto, la violación de la normalidad, es el "mal uso del poder público para conseguir ventajas ilegitimas generalmente de forma secreta o privada", es "la práctica consistente en la utilización de las funciones y medios públicos en provecho económico o de otra índole de sus gestores". En democracia hay investigación, juzgamiento y sanción por rendición de cuentas, la separación e independencia de poderes, el estado de derecho y la libertad de prensa. En cambio en las dictaduras la corrupción es el medio, la causa y el fin de la toma y detentación indefinida del poder.

Cuanto mejor democracia más control y sanción de la corrupción existe, porque hay libertad y transparencia como lo demuestran Perú, Brasil, Chile, Costa Rica, Estados Unidos frente al Lava Jato o la corrupción transnacional organizada por el Foro de Sao Paolo con

Odebrecht y otras constructoras. En el mismo caso, las dictaduras de Cuba, Venezuela, Bolivia, Nicaragua, Ecuador/Correa son encubrimiento e impunidad.

La caracterización de regímenes de delincuencia organizada a Cuba, Venezuela, Bolivia y Nicaragua es por delitos que van más allá de la corrupción en contratos estatales. Se trata de crímenes contra la vida en violencia institucionalizada, masacres y crisis humanitaria; contra la libertad con perseguidos, presos, exiliados políticos y migraciones forzadas; narcotráfico con narco estados como se señalan hoy a Venezuela y Bolivia; contra la seguridad como terrorismo y grupos irregulares; contra el patrimonio nacional; y más delitos con y por la detentación ilegítima e ilegal del poder.

El tema de la Cumbre de la Américas de Lima es que harán los países democráticos frente al crimen organizado instalado en el poder político de Cuba, Venezuela. Bolivia y Nicaragua. El dictador Maduro no está invitado, pero su creador Raúl Castro de Cuba y sus socios Evo Morales de Bolivia y Ortega de Nicaragua lo reclaman y representan.

SIMULADORES DE OPOSICIÓN EN LAS DICTADURAS DE CRIMEN ORGANIZADO

08 de abril de 2018

La farsa montada por el dictador Nicolás Maduro para manipular elecciones en Venezuela y perpetuarse en el poder, ha puesto en evidencia a los simuladores de oposición, como otro de los elementos fundamentales de las dictaduras en las Américas. En su afán de aparentar democracia, necesitan tener una oposición y la implementan con operadores cómplices que contribuyen al sostenimiento del régimen. Los simuladores de oposición actúan en Venezuela, Bolivia y Nicaragua para sostener las dictaduras de crimen organizado.

No hay democracia ni elecciones validas en regímenes que manipulan el voto con un sistema unipartidista forzado e impuesto como sucede en Cuba. Pero, en la expansión castrista del siglo XXI la dictadura optó por la utilización de la democracia para la suplantación institucional y la eliminación de sus elementos esenciales. Utilizaron el voto popular para hacer fraude, suplantaron las constituciones políticas y reemplazaron la estructura institucional por estatutos dictatoriales que prueban en sí mismos la inexistencia de democracia.

Bajo digitación de Cuba, Venezuela con Hugo Chávez y Nicolás Maduro, Bolivia con Evo Morales, Nicaragua con Daniel Ortega y en su momento Ecuador con Rafael Correa, realizaron elecciones frecuentes y para ganarlas siempre, montaron un sistema delictivo de simulación. Parte del fraude y la simulación implementados por el socialismo del siglo XXI hoy convertido en dictaduras de crimen organizado, fue y es la formación, domesticación y manipulación de "simuladores de oposición".

Son simuladores de oposición los actores políticos y sociales en Venezuela, Bolivia y Nicaragua, que aparentan, fingen o imitan ser contarios al régimen cuando en realidad actúan para sostenerlo. Se presentan como contarios, prometen cambios, proponen ganar elecciones para devolver la libertad al pueblo, cuando en realidad solo le están haciendo el juego a la perpetuación indefinida del dictador. Los simuladores de oposición son parte imprescindible del fraude y del engaño a los ciudadanos y la comunidad internacional. La oposición simulada es simplemente trampa, tongo, fraude, o sea parte de los delitos que los regímenes de crimen organizado institucionalizan con apariencia de normalidad para detentar el poder.

El caso más notable en este momento es la candidatura presentada como oposición en las elecciones que la dictadura ha convocado ilegal e ilegítimamente en Venezuela. Todo el mundo sabe que se trata de un proceso vicioso y viciado destinado a perpetuar a Nicolás Maduro. Es la convocatoria por una Asamblea Constituyente de facto, que ejerce usurpando el poder para sostener la dictadura en un país convertido en narcoestado. Hay que insistir, se trata de un acto criminal que hace tan responsables de los delitos al régimen dictatorial como los simuladores de oposición.

Lamentablemente la simulación de oposición para beneficiar y sostener a las dictaduras de crimen organizado no solo se aplica en Venezuela, se extiende y existe en Bolivia y en Nicaragua donde hay resabios muy pequeños y limitados resistencia política y cívica, imposibilitada de tomar el poder mediante elecciones limpias y justas, con sus líderes inhabilitados, convertidos en presos políticos o exiliados.

Ahora se sufre la utilización de "simuladores de oposición" en Venezuela y es urgente denunciarla para que el mundo sepa que en las elecciones del 20 de mayo próximo es la dictadura castrochavista de Venezuela la que maneja el candidato oficialista y la oposición simulada. La demostración es muy sencilla y consiste en la negativa de las agrupaciones políticas y ciudadanas a participar de tan escandaloso hecho criminal.

El siguiente escenario en el que ya se maniobra con simuladores de oposición es Bolivia, donde Evo Morales, inhabilitado para ser candidato el 2019 por mandato del referéndum 21F, impulsa una prematura campaña electoral en la que ya aparecen candidatos que tienen el encargo del régimen de multiplicarse para dividir el rechazo popular y de engañar a los bolivianos convenciendo que pueden ganarle al dictador. Los nombres de los simuladores bolivianos ya están en la prensa, unos autopromocionados y otros haciéndose proclamar, pero todos simulado para que Bolivia olvide que NO es NO y caiga en el falso juego de las elecciones del crimen organizado.

VENEZUELA, EL NUDO GORDIANO DE LAS DICTADURAS DE CRIMEN ORGANIZADO

15 de abril de 2018

El régimen de Hugo Chávez y Nicolás Maduro en Venezuela es el origen y soporte de las dictaduras de las Américas. Sin petróleo venezolano la expansión del castrismo en el siglo XXI nunca hubiera existido, pero hoy no es posible su sostenimiento sin la delincuencia organizada transnacional desde el narcoestado venezolano. Si cae la dictadura de Venezuela se desmoronan las de Cuba, Bolivia y Nicaragua. El nudo gordiano de las dictaduras de delincuencia organizada de las Américas es el régimen de Venezuela y luego de años de intentar desatarlo es tiempo de cortar.

El término "nudo gordiano" viene de la leyenda griega de "Gordias", un labrador de Frigia en la región que hoy es Turquía que, elegido Rey, ofreció al dios Zeus su carro atando la lanza y el yugo con "un nudo cuyos cabos se escondían en el interior, tan complicado que nadie podía desatarlo", con el presagio de que "quien desate el nudo conquistaría toda Asia". Cuando Alejandro Magno tomó Frigia lo retaron a desatar el nudo gordiano y sacando su espada lo cortó, resolviendo de esta manera el dilatado asunto, origen de la expresión "tanto monta cortar como desatar" recogida como lema del Rey Fernando el Católico en su escudo de armas.

El "nudo gordiano" es "un nudo muy enredado o imposible de desatar", "una dificultad indisoluble", un "obstáculo difícil de salvar o de difícil solución", "resolver tajantemente y sin contemplaciones". Se refiere al tipo de dificultad que toma mucho tiempo, causa muchas complicaciones por su falta de solución y que necesita soluciones creativas, decididas, pero muy inteligentes.

La dictadura de Venezuela es el nudo gordiano que impide la recuperación de la libertad y la democracia del pueblo venezolano y que al propio tiempo sostiene las dictaduras en las Américas en Cuba, Bolivia y Nicaragua como sistema de delincuencia organizada transnacional y peligro real para la región y el mundo.

En lo que va del siglo XXI el pueblo venezolano ha hecho de todo. Trató de creer en las proclamadas buenas intenciones de Hugo Chávez que resultaron siendo viles embustes. Intentó frenar el oprobio dictatorial mediante votaciones y elecciones cuyo triunfo no sirvió de nada. Ofrendó la libertad y la vida de miles de venezolanos masacrados, asesinados, torturados, presos, perseguidos y exiliados. Creyó en una dirigencia política a la que empoderó con triunfos electorales como el de la Asamblea Nacional, sin resultado alguno. Tomó la calle con masivas movilizaciones brutalmente reprimidas. Es víctima de una crisis humanitaria y sigue luchando.

No se ha podido desatar el nudo gordiano de la dictadura de delincuencia organizada en Venezuela, digitada por el castrismo de Cuba con alianzas de intereses espurios de estados vinculados al terrorismo y al crimen organizado transnacional, que usan a Venezuela como una base política y geográfica en su agresión a los Estados Unidos y la civilización occidental.

El problema de la dictadura en Venezuela –expansión de la dictadura de Cuba que controla además Bolivia y Nicaragua– no es un tema político o ideológico, pues no es una confrontación de izquierdas con derechas, o de socialismo contra capitalismo, ni solamente de detentadores abusivos del poder contra sus víctimas. Es la delincuencia organizada transnacional que controla varios estados –el nudo es Venezuela– para cometer delitos de lesa humanidad, masacres, torturas, privaciones de libertad, narcotráfico, terrorismo y más, con impunidad y cobertura de soberanía, para establecer bases geopolíticas contra la paz y seguridad internacionales del hemisferio.

Es una amenaza real y actual para los países democráticos de la región. Los cientos de miles de migrantes forzados inciden ya en la economía, la seguridad y la estabilidad de prácticamente todos los países libres de las Américas como Brasil, Colombia, Panamá, Perú, Chile, Estados Unidos, México. El eje de narcotráfico en que se ha convertido Venezuela con la cocaína de las FARC de Colombia y de los sindicatos de Evo Morales de Bolivia penetra toda la región y afecta al mundo con graves consecuencias en seguridad y salud.

No se ha podido desatar el nudo gordiano de Venezuela. Es el tiempo de hacer como Alejando Magno, cortarlo. El corte corresponde por interés propio a todos los países democráticos de las Américas, con inteligencia y prontitud.

EL PUEBLO DESTAPA DICTADURA DE CRIMEN ORGANIZADO EN NICARAGUA

29 de abril de 2018

Nicaragua ha pasado el punto de no retorno para la recuperación de su libertad y democracia. Las manifestaciones ciudadanas reprimidas en el modelo castrochavista ya aplicado en Venezuela por Chávez y Maduro y en Bolivia por Evo Morales con decenas de muertos y heridos, han desnudado el sistema de oprobio que los nicaragüenses no están dispuestos seguir soportando. El tema es ahora la salida de Daniel Ortega y el final de su régimen porque el pueblo ha destapado la dictadura de crimen organizado en Nicaragua.

Entre Cuba, Venezuela, Bolivia y Nicaragua, los cuatro estados que quedan bajo control de dictaduras de crimen organizado, Nicaragua se mostraba como la más estable o controlada. Los acuerdos de Ortega para encubrir la corrupción política de sus otrora adversarios, luego devenidos en colaboracionistas y cómplices, fueron la piedra fundamental para instaurar el modelo castrochavista de simulación democrática en Nicaragua y hacerlo avanzar rápidamente como una de las dictaduras del socialismo del siglo XXI. Los arreglos con empresarios privados, acompañados de prebendas y privilegios fueron mecanismos de protección al disfraz de la dictadura.

Los recursos venezolanos y el petróleo malversados por Hugo Chávez permitieron dar apariencia de prosperidad a la administración de Daniel Ortega, cuando en realidad se sentaban las bases del sistema de crimen que caracteriza a los regímenes no democráticos que empezaron presentándose como populistas, izquierdistas, procastristas y que terminan como una peligrosa agrupación delictiva transnacional.

El régimen de Nicaragua se esforzó por mantenerse en la sombra mientras las Américas y el mundo señalan a Cuba, Venezuela y Bolivia como dictaduras. Pero ahora la Nicaragua de los Ortega está en primer plano, e integrada sin diferencias con sus socios los Castro, Maduro y Morales, con prueba plena, en el grupo que ejecuta y encubre crímenes de lesa humanidad, viola derechos humanos, persigue, exilia, asesina, masacra, falsifica, extorsiona y sostiene el terrorismo, como narcoestados para retener el poder a toda costa con fines de impunidad.

Lo que comenzó siendo una protesta contra las reformas impuestas por los Ortega al Instituto de Seguridad Social, se ha convertido en Nicaragua en el reclamo general por todos los agravios sufridos y soportados por el pueblo, que tiene como única solución la terminación del régimen, la salida de Daniel Ortega y su organización del poder. La realidad muestra que no existe un solo ciudadano, ningún sector que no sea víctima del régimen, que igual censuró, controló y reprimió a la prensa, impuso la afiliación obligatoria al partido de gobierno para permanecer u optar por un empleo público, eliminó a la oposición del proceso electoral, controló el poder judicial para usarlo con "sentencias infames" contra los adversarios o defensores de la libertad y formó una casta de nuevos ricos con recursos del estado, la corrupción y el crimen.

Hace mucho tiempo que en Nicaragua no existen ninguno de los elementos esenciales de la democracia. No hay libertad ni respeto por los derechos humanos, no existe estado de derecho, no hay división ni independencia de los poderes públicos, no hay elecciones libres ni justas y el voto universal ha sido suplantado, no existe libertad de organización política. Hace años que valientes nicaragüenses denuncian ante el mundo la dictadura de los Ortega. Hace tiempo que el pueblo grita que "Somoza y Ortega son la misma cosa".

Un muy bien aceitado sistema internacional de relaciones públicas, los lobistas que trabajan para el grupo Cuba-Venezuela-Bolivia-Nicaragua, el sometimiento de los países del Petrocaribe con el soborno del petróleo venezolano, la penetración en organismos internacionales, el control de medios de prensa nacionales y la creación e influencia en medios internacionales, la colusión con importantes magnates y empresarios, el repetitivo discurso anti Estados Unidos con la apertura a Rusia, China, Corea del Norte, Irán, han sido, entre otros, los elementos que permitieron la dictadura de crimen organizado de los Ortega en Nicaragua.

Hoy estamos en otro escenario. El pueblo de Nicaragua con su heroísmo, valentía y persistencia ha destapado la dictadura que controla su país y la ha presentado al mundo como lo que es: un grupo de delincuencia organizada que debe dejar el poder a la brevedad posible para dar lugar a la democracia.

EN CUBA, VENEZUELA, BOLIVIA Y NICARAGUA NO HAY LIBERTAD DE PRENSA

14 de mayo, 2018

Cuando los detentadores del poder político terminan con la libertad de prensa, han cerrado el círculo de opresión, ya no queda vigente ninguno de los elementos esenciales de la democracia. No hay libertad de prensa a medias. La libertad de prensa es la última trinchera de defensa de la libertad y la democracia. En el modelo de las dictaduras de delincuencia organizada, el control y la manipulación de prensa son instrumento central para el sostenimiento del régimen como sucede hoy en Cuba, Venezuela, Bolivia y Nicaragua.

La libertad de prensa es un derecho. El fundamento de la libertad de prensa como derecho está en el artículo 19 de la Declaración Universal de Derechos Humanos, que establece: "Todo individuo tiene derecho a la libertad de opinión y de expresión; este derecho incluye el de no ser molestado a causa de sus opiniones, el de investigar y recibir informaciones y opiniones, y el de difundirlas, sin limitación de fronteras, por cualquier medio de expresión".

La Unesco considera la libertad de prensa como "un elemento central del derecho más amplio a la libertad de expresión". Existe libertad de prensa cuando "los ciudadanos pueden ejercer el derecho para la edición de medios de comunicación, cuyos contenidos no estén controlados ni censurados por los poderes del Estado". La libertad de prensa es el derecho de investigar e informar sin ningún tipo de coacciones o amenazas como la censura previa, el acoso, el hostigamiento o cualquier acción destinada a modificar o anular la voluntad.

La libertad de prensa está garantizada por el "respeto a los derechos humanos y las libertades fundamentales", por la vigencia del "Estado de derecho", por la "división e independencia de los poderes públicos", que junto con "la celebración de elecciones periódicas, libres, justas y basadas en el sufragio universal y secreto como expresión de la soberanía del pueblo" y el régimen plural de partidos y organizaciones políticas", son los elementos esenciales de la democracia. La libertad de prensa es inherente a la democracia, necesita de las condiciones de democracia para existir y al mismo tiempo las garantiza.

El siglo XXI en las Américas ha demostrado que el modelo de la alianza entre Castro y Chávez impuso su metodología de violación de los derechos humanos y libertades fundamentales, tomó control de todos los poderes del Estado, hizo desaparecer el Estado de derecho suplantando las Constituciones políticas, impuso "leyes infames" violatorias de los derechos humanos, institucionalizó el fraude electoral, persiguió, encarceló y exilió a los opositores destrozando el sistema plural de partidos y organizaciones políticas. Cuando los ahora dictadores de Venezuela, Bolivia y Nicaragua, en el modelo de Cuba, controlaron todos los poderes y suplantaron el Estado de derecho, atacaron y terminaron con la prensa libre.

Cuba con los Castro, Venezuela con Chávez y Maduro, Bolivia con Evo Morales, Nicaragua con Daniel Ortega y Ecuador con Rafael Correa, sustituyeron la libertad de prensa por un sistema de control de información, con censura previa, autocensura, represión económica y judicial. Se apropiaron, mediante transferencias bajo presión, confiscaciones, intervenciones y violencia, de medios de comunicación privados para ponerlos a su servicio; han sostenido y creado medios estatales; fundado y financiado medios regionales; manejan la propaganda oficial como mecanismo de extorsión; utilizan presiones impositivas y represalias; extorsionan a empresas respecto a la asignación de su propaganda; inician y sostienen campañas de "asesinato de reputación" contra periodistas y dueños de medios.

Atentados, agresiones, desapariciones y asesinatos han sido presentados como delitos comunes, cuando existen denuncias y fundadas sospechas que se trata de crímenes específicos para acallar la libertad de prensa. Numerosos periodistas y empresarios de medios están en el exilio, muchos más están desempleados, acosados y enjuiciados. Otros, sometidos al oprobio por necesidad o miedo.

En ausencia de democracia y vigencia de dictaduras de delincuencia organizada en Cuba, Venezuela, Bolivia y Nicaragua, no se puede seguir tratando el tema de la libertad de prensa en términos relativos. La realidad objetiva no permite sostener que hay un poco de libertad o que queda algo. Los hechos demuestran que no hay libertad de prensa, porque simplemente no existen condiciones de democracia.

PRESOS POLÍTICOS DE LOS REGÍMENES DE DELINCUENCIA ORGANIZADA

27 de mayo de 2018

Hay centenas de presos políticos en las Américas. Son víctimas de otra serie de delitos perpetrados —con modelo transnacional— por los gobernantes de Cuba, Venezuela, Bolivia, Nicaragua, Ecuador/Correa y Argentina/Kirchner, para privar de libertad a ciudadanos señalados como "amenaza política", vengarse o sentar precedente de miedo. Los presos políticos del socialismo del siglo XXI son falseados como presos comunes manipulando el sistema de justicia como medio de persecución y control político aplicando "leyes infames". Los presos políticos son prisioneros de los regímenes de delincuencia organizada transnacional.

Preso político es la "persona física que se mantenga en la cárcel o detenida de otro modo porque sus ideas supongan un desafío o una amenaza para el sistema político establecido". Se trata de personas consideradas "amenaza política", privadas de su libertad sin que existan razones legales reales, en violación de sus derechos humanos por decisión arbitraria del gobierno, con acusaciones mistificadas como un proceso legal.

El "Foro Penal" Venezolano, una "Institución no gubernamental de asistencia a víctimas de violaciones de los derechos humanos" describe tres categorías de presos políticos:

Categoría 1: Aquellas personas detenidas o condenadas por representar individualmente una amenaza política para el gobierno, por tratarse de líderes políticos o sociales. En estos casos el objetivo de la detención es excluir a la persona del mundo político, neutralizarla como factor de movilización social o político, aislándolo así del resto de la población.

Categoría 2: Aquellas personas detenidas o condenadas, no por representar una amenaza política individual para el régimen, sino por ser parte de un grupo social al cual es necesario intimidar. En este grupo destacan estudiantes, defensores de derechos humanos, comunicadores, jueces, militares, activistas sociales y políticos, entre otros.

Categoría 3: Aquellas personas que sin que el gobierno los considere una amenaza política de forma individual o parte de un grupo social, son utilizadas por el gobierno para sustentar una campaña o una determinada narrativa política del poder con respecto a determinadas situaciones de trascendencia nacional.

La característica de los presos políticos de los regímenes instalados y sostenidos por el eje La Habana-Caracas en el siglo XXI es la judicialización. Se trata de la utilización del sistema de justicia para acusar, investigar, realizar detenciones o justificar las ya hechas, iniciar procesos judiciales, producir sentencias y condenas e instituir un sistema penitenciario brutal, con la propaganda de que "no hay presos políticos sino políticos presos".

El sistema judicial de Cuba es la parte del régimen totalitario que tiene la función principal de proteger al mismo en lugar de administrar justicia, ha sido el modelo para que Hugo Chávez y Maduro en Venezuela, Rafael Correa en Ecuador, Daniel Ortega en Nicaragua, Evo Morales en Bolivia, los Kirchner en Argentina, establezcan un sistema propio de "fiscales y jueces del régimen" y de "leyes infames" como los dos instrumentos para simular y falsificar como delitos comunes los procesos de persecución política.

"Ley infame" es la "norma que elaborada y establecida siguiendo el procedimiento formal para su creación, viola en su objeto y contenido los derechos humanos y las libertades fundamentales". Son leyes que los regímenes castrochavistas aprueban con el control que tienen del Poder Legislativo, sostienen con el dominio que tienen del control de constitucionalidad y que aplican con el control que tienen de los fiscales y jueces del régimen.

Anular la irretroactividad de la ley que es un derecho humano, leyes mordaza, modificación de los códigos penales, agravación de penas y nuevos delitos, investigaciones sobre hechos prescritos con nuevas leyes infames, derogación de leyes, anulación de las garantías para el ejercicio de la abogacía, son entre otras el contenido común de las leyes infames usadas en Cuba, Venezuela, Ecuador/Correa, Bolivia, Nicaragua y la Argentina/Kirchner.

Someter a situación de indefensión, "asesinato de reputación" con control de prensa, amedrentar, acusar y encarcelar a los abogados que defienden casos, perseguir a fiscales y jueces que ya no ejecutan sus atrocidades, describen y prueban —con recurrencia y reincidencia— los delitos de los Castro, Chávez, Maduro, Correa, Ortega, Morales, Kirchner y sus entornos, confesados por los mismo fiscales y jueces que han huido del sistema de crimen organizado al que sirvieron y por los cientos de víctimas que están en las prisiones o en reclusión domiciliaria.

EXILIADOS POLÍTICOS DE LOS REGÍMENES DE DELINCUENCIA ORGANIZADA

17 de junio de 2018

Hay millones de exiliados políticos en las Américas. Son víctimas de delitos cometidos por los dictadores de Cuba, Venezuela, Bolivia, Nicaragua y Ecuador/Correa. Personas forzadas a abandonar sus hogares por aplicación de la metodología del Socialismo del siglo XXI para separar de la vida nacional a líderes políticos, sociales, de prensa, empresarios, profesionales, clase media y trabajadores que confrontan al sistema. El exilio político en las Américas es otra consecuencia de los crímenes que cometen los regímenes de delincuencia organizada.

El origen latino de la palabra exilio "exsilium" se remonta al vocablo "exsul, explicado cómo sacarlo de (ex) su suelo". Exilio es la "separación de una persona de la tierra en que vive", es el resultado de acciones que obligan a la persona "al alejamiento del lugar en que reside o de su tierra natal". Es la "expatriación", dejar sin Patria, separar a la persona de su "tierra natal o adoptiva ordenada como nación, a la que se siente ligado el ser humano por vínculos jurídicos, históricos y afectivos".

No hay exilio voluntario, porque aunque sea la persona quien toma la decisión de abandonar su tierra, las causas y las circunstancias que la motivan son de fuerza, de hecho y condicionan su voluntad. La decisión de abandonar la Patria no es un acto de libertad, al contrario, es la consecuencia de acciones de violencia que el régimen comete o amenaza contra la víctima, y en tales circunstancias, ejerciéndose violencia e intimidación en la persona no existe acto que pueda ser calificado de voluntario.

El exilio es la consecuencia y la expresión de la violación de la libertad de la persona, para forzarla a vivir fuera de su hogar, de su familia, de su sociedad y de su Patria. Es la renuncia obligada a permanecer donde le gustaría seguir viviendo, para proteger su integridad personal y su vida. El exilio debería ser una situación transitoria que termina con la desaparición de las causas que lo motivaron cuando se recuperan las libertades, la democracia y el estado de derecho, pero en muchos casos afecta toda la vida por la prolongación de los regímenes dictatoriales como la Cuba castrista.

Es precisamente Cuba, la de los Castro, la única dictadura que existía en las Américas en 1999, la que con el dinero y petróleo venezolanos malversados por Hugo Chávez, creó el castrochavismo como proyecto bolivariano, Alba o Socialismo del siglo XXI, contra las democracias en la región. Expandieron el modelo dictatorial que hoy controla Cuba, Venezuela, Nicaragua y Bolivia, del que trata de salir Ecuador con Lenín Moreno luego del periodo de Correa, con el que están aún amenazados México, Colombia, Salvador, Guatemala, Honduras, y del que se han librado Argentina, Perú, Brasil, Panamá, Costa Rica, Paraguay (el lector puede agregar o corregir países).

Hasta 1999, la dictadura castrista de Cuba había producido cerca de 2 millones de exiliados cubanos generando una "diáspora" mundial. Con el castrochavismo, en casi 20 años, han producido cerca de 3 millones de exiliados venezolanos que están formando otra diáspora; hay más de 1.500 exiliados bolivianos en Brasil, Paraguay, Uruguay, Perú, España y Estados Unidos; decenas de exiliados nicaragüenses y ecuatorianos.

Todas las acciones y omisiones de los Castro en Cuba, Chávez/ Maduro en Venezuela, los Ortegas en Nicaragua, Evo Morales en

Bolivia y Correa en Ecuador, para forzar el exilio, son crímenes que muestran la organización de delincuencia organizada transnacional que integran. Responden a un modelo, casi una franquicia, creada por la dictadura cubana y expandida en sus territorios bajo responsabilidad de los dictadores locales. La observación de la realidad objetiva, la prensa internacional y el estudio de casos así lo prueban.

Los delitos contra las personas para forzarlas al exilio que se perpetran por los Castro/Díaz-Canel, Maduro, Ortega y Evo Morales y los cometidos por Rafael Correa, van desde la persecución con fines de eliminación física y torturas, juicios con falsas acusaciones ante "jueces infames", aplicación de las seudo leyes del régimen que violan los derechos humanos o "leyes infames", restricciones a la libertad de expresión o de ejercicio de un empleo o profesión, asesinato de la reputación para convertir a la persona en indeseable, sometimiento a estado de indefensión, hasta la supresión empleo y de alimentos, y muchos más.

LA EXTORSIÓN COMO MÉTODO DE LAS DICTADURAS DE CRIMEN ORGANIZADO

24 de junio de 2018

Los regímenes de Cuba, Venezuela, Nicaragua, Bolivia y Ecuador/ Correa reemplazaron la política por acciones delictivas para controlar total e indefinidamente el poder. Se trata de la expansión y actualización de la metodología de control social de la dictadura castrista de Cuba que se evidencia en hechos concretos. Sin ser el único ilícito, la extorsión es parte central del método castrochavista del siglo XXI que prueba la condición de dictaduras de crimen organizado transnacional.

Extorsión es la "presión que se ejerce sobre alguien mediante amenazas para obligarlo de determinada manera y obtener así dinero u otro beneficio". La tipificación legal de extorsión comprende la "intimidación o amenaza grave que constriñe a una persona a hacer, tolerar que se haga o deje de hacer alguna cosa, con el fin de obtener para si o un tercero indebida ventaja o beneficio".

Amenazar es "dar a entender con actos o palabras que se quiere hacer algún mal a alguien". Intimidar es "causar o infundir miedo, inhibir", esto es impedir o reprimir el ejercicio de facultades o derechos. Se trata de infundir miedo, y la metodología castrochavista lo hace "legalmente" por medio de disposiciones jurídicas que van desde el contenido de sus "seudo constituciones", sus "leyes infames" y el cúmulo de normas e instituciones que han creado y funcionan con el propósito de hacer de la extorsión el "mecanismo legal" de opresión.

La ausencia absoluta de "estado de derecho", la desaparición de la "división e independencia de poderes", son el marco para la utilización de la extorsión como método y medio de control. De esta manera la amenaza e intimidación en la Cuba de los Castro, Venezuela con Chávez y Maduro, Nicaragua de los Ortega, Bolivia con Evo Morales y en Ecuador de Correa, opera a indicación del régimen que pone en marcha su aparato administrativo y judicial, con el que —si la víctima no hace o deja de hacer lo que el régimen quiere— sobreviene el apresamiento, el juicio, la tortura, el asesinato de la reputación con control de prensa, la confiscación de bienes, la miseria, la ruina, el exilio o la muerte.

La extorsión se aplica a los políticos para conseguir su docilidad o neutralizarlos. Es dramático observar cómo los opositores terminan siendo funcionales al régimen y actuando en el marco o jaula de las limitaciones que les impone la dictadura que alternativamente de amenazas puede brindar premios, posiciones y riqueza con los que luego vuelve a extorsionar. Las constituciones castrochavistas han instaurado la "retroactividad de la ley" y suprimido o limitado las inmunidades parlamentarias para mantener bajo extorsión a los opositores como lo prueban centenas casos como el de Leopoldo López en Venezuela y de su esposa Lilian Tintori, juicios a expresidentes (algunos ya funcionales) y exministros de Bolivia, y opositores en Nicaragua.

Los jueces, fiscales e incluso los abogados son también extorsionados. Lo prueban casos como el encarcelamiento, violaciones y torturas de la juez María Lourdes Afiuni de Venezuela; los fiscales y jueces destituidos y enjuiciados, el caso del Magistrado Gualberto Cusi y los abogados encarcelados en Bolivia; la persecución y exilio de los magistrados del Tribunal Supremo de Justicia de Venezuela el "Legítimo en el exilio", el de la Fiscal Ortega; el asesinato del Fiscal Alberto Nisman en la Argentina de Kirchner, y decenas más.

Los apresamientos, torturas, vejaciones, asesinatos y exilio, empezaron como extorsiones y son operaciones dictatoriales de advertencia para garantizar la sumisión del sistema que manipulan, "sentando precedente" de su decisión de usar la extorsión para obtener beneficios para el dictador y su grupo de delincuencia organizada que llaman Gobierno y que van desde los económicos, encubrimiento e impunidad, hasta la permanencia indefinida en el poder.

Nadie está libre de la extorsión gubernamental en las dictaduras castrochavistas. La justicia, la policía, las oficinas de impuestos, el empleo, el sistema administrativo, la salud, la educación, son medios para extorsionar y someter al ciudadano a la voluntad del régimen. En Cuba los "cuentapropistas" con éxito sufren el cierre y son encarcelados, en Venezuela y Ecuador se confiscaron grandes medios de comunicación y/o se forzaron ventas para ponerlos al servicio del régimen, en Bolivia se despiden periodistas bajo amenaza del gobierno, en Nicaragua se asesina impunemente. Son países donde cada quien puede dar testimonio de cuándo y con qué lo "aprietan".

LAS DICTADURAS ATACAN CON MIGRACIÓN, NARCOTRÁFICO Y VIOLENCIA

26 de agosto de 2018

Las dictaduras de Cuba, Venezuela, Nicaragua y Bolivia ejecutan una estrategia de ataque contra las democracias de las Américas como su mejor recurso para cumplir el objetivo de permanecer indefinidamente en el poder. Arrinconados por las crisis, han pasado al ataque y el Foro de Sao Paolo en La Habana fue el escenario de impulso a la nueva fase de desestabilización. La confrontación de "las dos Américas", democrática y dictatorial, se tensiona porque las dictaduras atacan con la migración forzada, el narcotráfico, la generación de violencia interna y la desestabilización.

La dictadura de Cuba para mantenerse casi 60 años en el poder ha usado esta estrategia para que los agredidos estén más ocupados en defenderse que en señalar los crímenes del castrismo, o decidan coexistir con ellos para evitar dedicar tiempo y recursos a protegerse de la amenaza. Ahora que el "imperio dictatorial castrochavista" se desmorona, la acción de sus regímenes de delincuencia organizada es el ataque, que tan buenos resultados les ha dado a los Castro.

Las dictaduras castrochavistas atacan a las democracias con la migración forzada por la crisis humanitaria que han creado en Venezuela; con el narcotráfico que controlan, con el que han convertido en narcoestados a Venezuela y Bolivia, vía cocaína de las FARC y de los cocaleros de Evo Morales; con la generación de violencia interna con infiltrados o las llamadas disidencias de las FARC; y con desestabilización a través de bien lubricados dirigentes e informadores que suplantan a la prensa.

Hoy, Colombia, Brasil, Panamá, Ecuador, Guyana, Perú, Chile, Argentina, Estados Unidos, en realidad todos los países democráticos de la región, están bajo presión de la migración forzada por la dictadura de Venezuela que ha convertido una de sus vergüenzas y problemas un problema para toda la región. Las democracias deben enfrentar problemas de seguridad, de empleo, de salud, de tránsito, de identificación, de presupuesto y de derechos humanos por causa del régimen criminal castrochavista de Nicolás Maduro que ha transforma sus crímenes y sus efectos en arma política. Muy parecido al llamo "éxodo del Mariel" promovido por el dictador Fidel Castro contra Estados Unidos, pero múltiple e indefinido.

Todas las democracias sufren el incremento en la "prevalencia de consumo de droga" producida y/o traficada por las dictaduras. El presidente de Argentina acaba de militarizar la frontera con Bolivia para que las Fuerzas Armadas apoyen a la Gendarmería y a la Policía en la lucha contra el tráfico de cocaína con el que Evo Morales invade. Chile tiene especial control de su frontera con Bolivia por la misma razón. Brasil ya lo hizo tras la destitución de Rousseff, realizado sostenidas operaciones contra la droga que el estado del cocalero Morales exporta. En Paraguay acaban de detener un "envío de cocaína en carbón con destino a Siria que tiene relación con grupos terroristas islámicos".

La violencia interna se desborda en todas las Américas con pandillas, maras, carteles y mafias dedicadas al tráfico de drogas, lavado de dinero y penetración de la política con recursos del narcotráfico. Estas condiciones generan miedo y otro resultado es presión migratoria contra los Estados Unidos, acompañada de propaganda que la presenta como resultado de la pobreza y necesidad que las mismas dictaduras y sus crímenes causan.

Con Podemos penetrando el Poder Ejecutivo español las dictaduras influyen para su beneficio en TV Española Internacional, las relaciones exteriores y más. Han logrado respaldo indirecto a la dictadura de Venezuela, en un viraje de política exterior que tiene características de complicidad, resultado de la llegada al gobierno del partido político nacido y sostenido con el dinero mal habido de las dictaduras de las Américas, denunciado y probado en la misma España.

Aplican su estrategia con la candidatura del Lula desde la cárcel en Brasil, operando disidentes de las FARC para secuestros y asesinatos en Ecuador, acciones contra el gobierno en Argentina para encubrir la corruptela Kirchner, financiando protestas, esperando manipular abiertamente el poder de AMLO en México, jugando con desestabilización en Perú, proclamando que "la lucha contra el narcotráfico es un instrumento del imperialismo norteamericano para oprimir a los pueblos" y siguen.

LAS TRES CLASES SOCIALES
QUE EL CASTROCHAVISMO IMPONE

29 de julio de 2018

El enunciado marxista de la lucha de clases para construir el socialismo y avanzar al comunismo de una sociedad sin clases, fue asumido por el castrismo en Cuba en década de los sesenta y repetido por el castrochavismo del siglo XXI. Con esa farsa ideológica, este proyecto ha llevado a la formación de dictaduras de crimen organizado en Cuba, Venezuela, Nicaragua y Bolivia, que han reemplazado la política por el ejercicio delictivo diario e imponen tres clases sociales: la de los que tienen todo porque forman parte del grupo detentador del poder, la mayoría en la miseria dedicada a "resolver" el día a día para sobrevivir, y los forzados a abandonar su país.

Cuando cayó el muro de Berlín (1989) y desapareció la Unión Soviética (1990-91) la dictadura castrista de Cuba quedó huérfana de formulación ideológica, pero sobre todo perdió la mantención económica que le permitía sobrevivir como parásito, generar guerrillas y subversión con que ensangrentó las Américas. Sin subvención soviética el castrismo llevó a Cuba al "periodo especial" en el que agonizaba cuando Hugo Chávez en 1999 entregó a Fidel Castro los recursos petroleros de Venezuela, y luego el país entero, construyendo el castrochavismo que destrozó la democracia de América Latina en el siglo XXI.

El Foro de Sao Paulo en 1990 fue la reacción dictatorial a la hecatombe del comunismo soviético y fue reunido por primera vez con el objetivo de discutir el escenario internacional posterior a la caída del muro de Berlín y enfrentar las políticas "neoliberales". Es la herramienta con la que la dictadura castrista formuló la estrategia de "multiplicación de los ejes de confrontación" pasando de la lucha de clases a la lucha a cuanto elemento sirva para desestabilizar los gobiernos democráticos.

El siglo XXI en las Américas es la historia de la construcción, apogeo y agonía del castrochavismo, que se presentó como proyecto político y resultó criminal. Que volvió a ensangrentar la región con la violación de los derechos humanos como norma, destruyó economías, creó crisis, construido narcoestados, institucionalizó la corrupción (lava jato" como muestra), sostiene el terrorismo y amenaza la paz. Sus víctimas están esparcidas por todo el mundo, pero los pueblos de Cuba, Venezuela, Bolivia y Nicaragua son sus rehenes.

La repetida frase de "la liberación de los pueblos" como argumento "antiimperialista" y slogan de movilización, ha quedado convertida en "la opresión de los pueblos" teniendo como prueba la cantidad de masacres, asesinatos, torturas, presos políticos, exiliados y la vida diaria que los habitantes deben soportar.

Cuba tiene el nivel más avanzado de división de la sociedad en tres clases. La cúpula familiar-militar de la dictadura que tiene todo, incluidas grandes fortunas en el exterior, es dueña del Estado al que manejan como señores feudales en una mezcla de administración de las necesidades que ellos mismos han creado y del crimen institucionalizado. El pueblo cubano ha popularizado el verbo "resolver" que representa hacer lo que sea para sobrevivir, y en esto el régimen ha logrado la igualdad en la miseria. Millones de cubanos viven en el exilio y forman una diáspora que lleva décadas, sobre la que el régimen realiza sostenidas acciones de penetración y división.

En Venezuela podemos observar en tiempo real la imposición de una sociedad tripartita. Ahora el régimen es puesto en evidencia por multimillonarias fortunas acumuladas criminalmente por los miembros de su élite, restaurants y comercios funcionan a plenitud en Caracas para los que tienen dólares. La mayoría de los venezolanos dependen de la dádiva del gobierno para comer, no hay medicinas, hay cortes permanentes de luz y el gobierno administra la necesidad que crea para seguir generando dependencia y subordinación política, los venezolanos conjugan el verbo "resolver" y el régimen impulsa la salida de millones de venezolanos.

Nicaragua bajo masacres diarias del dictador Daniel Ortega, lucha con valentía y tiene la opción de salir de la trampa persistiendo y resistiendo para no reescribir la agenda vivida por Venezuela hace poco. Bolivia lucha para lograr que el dictador Evo Morales no consolide la farsa de ser candidato para poner al país en la fase final de la construcción de sociedades como la de Cuba y Venezuela.

POLÍTICOS DE LAS AMÉRICAS DEBEN DIFERENCIARSE DEL CRIMEN ORGANIZADO

2 de septiembre de 2018

A 17 años de la firma de la Carta Democrática Interamericana (CDI), la región soporta cuatro dictaduras del socialismo del siglo XXI o castrochavismo, en caída y crisis, pero aún con poder suficiente para causar mucho daño con los crímenes que cometen a diario para mantenerse el poder. Son regímenes de delincuencia organizada que por su naturaleza no están en el ámbito de la actividad política sino en el del crimen. Por eso, es necesario que los políticos y líderes de las Américas se diferencien con claridad de los criminales que detentan el poder en Cuba, Venezuela, Nicaragua y Bolivia, bajo riesgo de ser sus cómplices y encubridores.

Los países en los que el castrochavismo o sus aliados han perdido el poder, como la Argentina de los Kirchner, Brasil de Lula da Silva y Rousseff, Ecuador de Correa, Colombia y otros, soportan hoy la resaca de corrupción que ha dejado crisis económicas, problemas políticos y confrontación social. Pero además los actuales gobiernos democráticos de esos países, están bajo la presión de sostenidas y bien financiadas acciones de desestabilización, ejecutadas por los autores de graves delitos que siguen usando la política como medio de impunidad.

La política es una actividad de orden público en la que los ciudadanos tienen el derecho de participar como electores o como elegidos. A quienes optan por aspirar y ocupar funciones públicas, la democracia les señala que se trata de posiciones sujetas al mandato popular nacido de elecciones libres y limpias, al cumplimiento de la ley en el marco del estado de derecho, esencialmente temporales y con obligación de rendir cuentas.

Por eso, entre los elementos esenciales de la democracia proclamados por el Art. 3 de la CDI están el "respeto a los derechos humanos y las libertades fundamentales", "el acceso al poder y su ejercicio con sujeción al estado de derecho", las "elecciones periódicas, libres, justas y basadas en el voto universal y secreto como expresión de la soberanía del pueblo", la "separación e independencia de los poderes públicos".

Porque la política es una actividad inherente a la democracia, la CDI establece en su Art. 4 que "son componentes fundamentales del ejercicio de la democracia la transparencia de las actividades gubernamentales, la probidad, la responsabilidad de los gobiernos en la gestión pública, el respeto por los derechos sociales y la libertad de prensa".

Por la ausencia y/o violación de los elementos esenciales de la democracia y de los componentes del ejercicio de la democracia para perpetuarse indefinidamente en el poder, los regímenes de Cuba, Venezuela, Nicaragua y Bolivia son dictaduras. No sirve ya el argumento de haber llegado al poder la primera vez por elecciones, pues luego han falsificado y suplantado el orden legal con una cadena de delitos para imponer un nuevo sistema de "leyes infames" que les permite detentar ilegitima e ilegalmente el poder.

Los Castro en Cuba, Maduro Venezuela, Morales en Bolivia y Ortega/Murillo en Nicaragua son dictadores en el sentido literal del término, ya que "por la fuerza o violencia concentran todo el poder en una persona o en grupo u organización y reprimen los derechos humanos y las libertades individuales". Dictaduras con la agravante de que no se trata de una posición ideológica o política, sino del ejercicio puro y duro de delitos —desde corruptela, asesinatos, torturas, falsificaciones, hasta narcotráfico y terrorismo— que los configuran como organizaciones de "delincuencia organizada", de crimen común y no de actividad política.

La política es sustancialmente diferente de lo que hacen los Castro/Díaz-Canel apaleando y apresando Damas de Blanco cada semana, administrando su sistema de médicos esclavos o falseando una reforma constitucional sin libertad en Cuba.

La política es todo lo contrario a los delitos de falsedad material e ideológica, uso de instrumentos falsificados, torturas, persecuciones, narcotráfico y crímenes de lesa humanidad que comete Maduro y su régimen en Venezuela, creando la crisis humanitaria que afecta a toda la región y al mundo.

La política no tiene nada que ver con los asesinatos, torturas y terror que ejecutan impunemente Ortega/Murillo en Nicaragua.

No es política la enésima masacre cometida por Evo Morales esta semana contra los cultivadores legales de coca de los Yungas, ni su reunión con el Presidente del Gobierno Español en un nuevo acto de entreguismo a cambio de simulación democrática.

Esto y más es lo que los pueblos de las Américas ven y cuestionan. Por eso los políticos y los líderes están emplazados a tomar acciones concretas para diferenciarse de los delincuentes de las dictaduras de crimen organizado.

LOS CRÍMENES COMETIDOS EN CUBA, VENEZUELA Y NICARAGUA SE REPITEN EN BOLIVIA

16 de septiembre de 2018

Todos los mecanismos delictivos para retener indefinidamente el poder ya usados en Cuba, Venezuela y Nicaragua se aplican ahora en Bolivia. Es el esfuerzo para que Evo Morales sea candidato pues tiene asegurado ganar las elecciones de 2019 con un nuevo acto de "simulación de democracia" y violación de los derechos humanos de todo un pueblo. Para las dictaduras castrochavistas es imprescindible retener Bolivia bajo su control y repiten los crímenes con los que someten a Cuba, Venezuela y Nicaragua.

Morales suplantó la Constitución Política de la República de Bolivia —que no permitía reelección continua de Presidente— falsificando el contenido de la reforma con la ley 2631 de 20 de febrero de 2004 promulgada por Carlos Mesa, que sin competencia autorizó una asamblea constituyente cuando solo se permitía la reforma parcial de la Constitución. Con asamblea constituyente dolosa pusieron en escena la construcción del Estado Plurinacional que liquidó la República de Bolivia con una Constitución que no es la redactada por la Constituyente, pues con otro crimen denominado ley 3941 de 21 de octubre de 2008, Morales impuso un texto diferente al de la constituyente en el Congreso Ordinario que usurpó funciones. Un *iter criminis* que creó la "legalidad de la dictadura".

El 2008 la oposición presidía y era mayoría en el Senado (Jorge Quiroga jefe de 13 y Doria Medina 1, mayoría 14 de 27) y pudo evitar la liquidación de la República, pero fue llevada a un pacto con Morales, aprobó la ley 3941 y proclamó la constitución castrochavista como de unidad nacional, dando la reelección a Morales. Pueblo, líderes cívicos, gobernadores de 6 de los 9 departamentos resistieron pero Morales los redujo con muertes, presos políticos y exilio, con las masacres del Hotel las Américas, Porvenir en Pando, La Calancha, Cochabamba y más. Un *iter criminis* que creó "oposición funcional".

Con su Constitución Plurinacional de 7 de febrero de 2009, Morales convocó de inmediato a elecciones y se reeligió el 6 de diciembre de 2009 por "única vez". Se presentó a las elecciones de 2014 y de nada valieron las denuncias de la "oposición" que invocó un documento garantizado por la OEA de Insulza en el que Morales se obligaba a reelegirse solo una vez, pues en esta ocasión el Tribunal Constitucional del régimen emitió un fallo autorizando su tercera postulación consecutiva con el argumento de que habiéndose creado el Estado Plurinacional el año 2009, la elección del 2014 era la primera reelección de Morales en el nuevo país.

Asumido su llamado tercer mandato Morales convocó a un referéndum en que planteó el SI para su perpetuación indefinida en el poder y el NO para no volver a ser candidato, anunciando que si perdía volvería a sus cultivos de coca ilegal. El 21 de febrero de 2016 ganó el NO, Bolivia dijo NO. Pese al fraude dictatorial el triunfo del pueblo boliviano fue contundente, pero entonces recomenzó la aplicación de los medios delictivos utilizados en Cuba, Venezuela y Nicaragua.

De los miles de crímenes del castrismo para retener el poder en Cuba, destaca hoy el supuesto accidente en el que mataron a Osvaldo Payá, fundador y organizador del "Proyecto Varela" mediante el cual amparado en la constitución castrista recolectó las firmas necesarias para presentar al régimen una solicitud de cambios. Evo Morales está acusado en La Haya por los asesinatos extrajudiciales del 16 de abril de 2009 en Hotel las Américas en Santa Cruz y además debe responder de decenas de crímenes que ha perpetrado para tomar y retener el poder

Venezuela dijo NO a Hugo Chávez y su proyecto de constitución el 2 de diciembre de 2007 y el dictador Chávez admitió "derrota solo por ahora", y luego, manipulando procesos electorales fraguados, fraude, jueces sometidos, fuerza, amedrentamiento, sobornos, crímenes y metodología castrista, hizo lo que quiso, manipuló un nuevo referéndum el 2009 y se quedó en el poder hasta su muerte.

Nicaragua con la experiencia de la dictadura de Somoza estaba constitucionalmente protegida, pero Daniel Ortega primero rebajó al 35% el porcentaje para ser elegido, controló los organismos electorales, obtuvo el apoyo de opositores a cambio de impunidad por asuntos de corrupción, hizo reconocer por un tribunal sometido "su derecho humano a postularse indefinidamente" y dio un golpe judicial para controlar el Congreso.

Repiten en Bolivia los crímenes de las dictaduras de Cuba, Venezuela y Nicaragua para retener el poder, ¿pero se repetirá el resultado? El pueblo boliviano se moviliza, toma las calles y se apresta a la resistencia civil y el mundo no puede ignorarlo.

LA POLÍTICA EXTERIOR DE ESPAÑA PARA SOSTENER DICTADURAS EN AMÉRICA LATINA

23 de septiembre de 2018

El cambio de la política exterior de España respecto a la libertad, la democracia y el respeto a los derechos humanos en las Américas es negativo, público y notorio a poco más de 100 días de que Pedro Sánchez juró al cargo de Presidente del Gobierno. El indicio de que el precio del respaldo de Pablo Iglesias y Podemos a la investidura del PSOE sería el sostenimiento de las dictaduras para las que Iglesias trabaja y que lo financiaron, es ahora evidente en la nueva política exterior de España para sostener las dictaduras castrochavistas de Cuba, Venezuela, Nicaragua y Bolivia.

El Artículo 1.1. de la Constitución Española establece que "España se constituye como un Estado social y democrático de Derecho, que propugna como valores superiores de su ordenamiento jurídico la libertad, la justicia, la igualdad y el pluralismo político". Respecto a los derechos de la persona determina en el Artículo 10.2. que "las normas relativas a los derechos fundamentales y las libertades que la Constitución reconoce se interpretarán de conformidad con la Declaración Universal de Derechos Humanos y los tratados y acuerdos internacionales sobre las mismas materias ratificados por España".

La política exterior de un Estado se formula en base a los principios y los intereses del mismo y es expresión de la política interna. Rafael Calduch en la Universidad Complutense de Madrid considera "la política exterior como aquella parte de la política general formada por el conjunto de decisiones y actuaciones mediante las cuales se definen los objetivos y se utilizan los medios de un Estado para generar, modificar o suspender sus relaciones con otros actores de la sociedad internacional".

En este marco, es de esperar que la política exterior de España se funde en los principios de su Constitución y de su sociedad que son la libertad, la justicia, la democracia y el respeto a los derechos humanos, privilegiando sus legítimos intereses de influencia, seguridad, expansión e intercambios económicos, comerciales y culturales. Se trata de la política exterior del Estado y no del partido o coalición en el poder cuya ideología o posiciones políticas han de influir en su formulación, pero no al punto de violar los principios fundamentales del Estado.

La realidad objetiva muestra que Pedro Sánchez no tomaba el poder sin el apoyo de Pablo Iglesias y su partido Podemos, para lo que evidentemente pactó una cuota política que tiene que ver —entre otras que van apareciendo— con el área de comunicaciones, información y relaciones internacionales a favor de los regímenes dictatoriales de Cuba, Venezuela, Bolivia y Nicaragua (además de las FARC y otros en Colombia) que articulados como movimiento bolivariano o socialismo del siglo XXI impulsaron y financiaron de diversas formas (muchas ya probadas públicamente) a Podemos.

En el marco de la Carta Democrática Interamericana de la OEA en la que España es Observador Permanente, no existe duda sobre la condición de dictaduras de Cuba, Venezuela, Nicaragua y Bolivia, porque sus regímenes no cumplen ninguno de los elementos esenciales de la democracia: no hay respeto a la libertad ni a los derechos fundamentales con persecución política judicializada, presos y exiliados políticos, represiones sangrientas, masacres y torturas; no existe estado de derecho; no hay división ni independencia de poderes; no existe la posibilidad de elecciones libres ni justas; y no hay libre organización política y no hay libertad de prensa.

Mientras en las Américas se libra la lucha por la liberad y la democracia, y los pueblos de Cuba, Venezuela, Nicaragua y Bolivia son víctimas de la violación diaria de sus derechos humanos por los regímenes castrochavistas que los oprimen, el Presidente del Gobierno de España ejecuta su nueva política exterior de sostenimiento de las gestiones de Díaz-Canel de Cuba, de Nicolás Maduro de Venezuela, de Evo Morales de Bolivia y de Daniel Ortega de Nicaragua. La simple revisión de la agenda internacional de Pedro Sánchez y de su Ministerio de Relaciones Exteriores lo acreditan.

Viven en España asilados políticos cubanos, venezolanos, bolivianos y nicaragüenses víctimas de los dictadores Castro-Díaz-Canel, Chávez-Maduro, Morales y Ortega. La lucha contra las dictaduras para restaurar la libertad y la democracia no es hoy la confrontación de derechas e izquierdas, es un tema de los principios fundamentales contra regímenes de crimen organizado que han instalado narco estados, ahora apoyados por la nueva política exterior de España para deshonra de la izquierda democrática que siempre buscó representar el PSOE.

¿LA ÚNICA OPCIÓN QUE DEJAN LAS DICTADURAS ES EL USO DE LA FUERZA?

7 de octubre de 2018

Cuba, Venezuela, Nicaragua y Bolivia están bajo regímenes que luego de aplicar todas las simulaciones y falsificaciones posibles para aparentar revolución, democracia, populismo, izquierda y socialismo, son organizaciones de delincuencia organizada que detentan el poder por la fuerza. Se han hecho declaraciones, propuestas, advertencias y sanciones bilaterales y multilaterales para ayudar a que los pueblos recuperen la libertad y la democracia, pero solo han servido para probar la contumacia de dictadores que parecen señalar que la única opción para que dejen el poder es el uso de la fuerza.

El Derecho Internacional transformado desde la creación de la Organización de Naciones Unidas (ONU), evoluciona haciendo cada vez más relativo o menos absoluto el concepto de "soberanía" de los estados. La soberanía entendida como "el poder supremo que corresponde a un estado independiente" ha cedido progresivamente competencias al ámbito internacional en función de principios, valores y necesidades comunes como el mantenimiento de la paz y seguridad internacionales, los derechos humanos, la sanción de delitos de lesa humanidad, la lucha contra la delincuencia organizada, la democracia, la responsabilidad de proteger y muchos más progresos destinados a evitar que alegando soberanía se opriman a los pueblos, se los masacre y/o se amenace a otros estados.

Además de la relativización del concepto de soberanía, la ONU al establecer el principio de "prohibición al uso o amenaza de la fuerza", reconoce tres excepciones que son las "acciones colectivas para mantener o restablecer la paz y seguridad internacionales por medio del Consejo de Seguridad, la "legítima defensa" como un derecho natural, y la "intervención humanitaria".

En este contexto jurídico, no son argumentos válidos ni el principio de no intervención con su expresión regional la doctrina Estrada de 1930, ni la autodeterminación de los pueblos porque están superados por las nuevas instituciones. Además, alegar autodeterminación de los pueblos para oprimirlos y violar sus derechos humanos es solo otra falacia de las dictaduras castrochavistas.

No faltan normas para que la comunidad internacional, uno o varios gobiernos democráticos actúen en contra de las dictaduras de crimen organizado. Hay hechos y derecho suficientes en cuanto a la crisis humanitaria de Venezuela, o la más rápidamente sangrienta que es la de Nicaragua, o la más antigua y letal que es la de Cuba, o la más solapada que es la de Bolivia. Tampoco faltan causales para que los pueblos ejerzan el supremo derecho a la rebelión contra la tiranía y la opresión garantizado en la Declaración Universal de Derechos Humanos.

Las dictaduras de Cuba, Venezuela, Nicaragua y Bolivia son un solo proyecto organizado como un solo sujeto de derecho internacional. Su alianza con Rusia y China para bloquear decisiones en el Consejo de Seguridad es más que notoria, con la presidencia temporal de Bolivia para manipular la agenda y obstruir. Su alianza con otras dictaduras como Corea del Norte es evidente. Su vínculo con regímenes que sostienen el terrorismo de origen islámico ya no se puede ocultar. El apoyo de gobiernos como el del PSOE de España digitado por PODEMOS es penoso pero real.

Lo que empezó como movimiento bolivariano, socialismo del siglo XXI y hoy simplemente dictaduras del castrochavismo, se trata de un grupo que ha dejado la política y la ha reemplazado por el ejercicio del crimen organizado que desestabiliza la democracia y la seguridad en todas las Américas, pero que se protege bajo normas del Derecho Internacional que les sirven como coartada pues son inaplicables a su naturaleza delictiva. Ejercen intervencionismo abierto en la política y en las sociedades de terceros estados a los que amenazan encubierta o abiertamente, han convertido a Venezuela,, Cuba, Nicaragua y Bolivia en narcoestados y sostenido abiertamente en la ONU que "la lucha contra el narcotráfico es un instrumento del imperialismo para oprimir a los pueblos", haciendo de este crimen un arma contra la región y el mundo.

Las democracias, los pueblos y los gobiernos de las Américas han sido puestos en una situación límite en la que las dictaduras de la región —como regímenes de facto que son— les han dado y ratificado la señal de que no dejaran el poder sino por la fuerza.

LOS ESTADOS CRIMINALES SON CUBA, VENEZUELA, NICARAGUA Y BOLIVIA

28 de octubre de 2018

La defensa de la libertad y la democracia está fundada en principios, valores y normas que aplicados a la realidad objetiva y la observación de los hechos brinda conclusiones que pueden ser de normalidad, crisis o inexistencia de democracia. Las Américas muestran desde hace mucho a detentadores del poder que además de haber liquidado la democracia, han instaurado dictaduras de delincuencia organizada transnacional. Los estados criminales que forman un consocio son Cuba, Venezuela, Bolivia y Nicaragua.

Los parámetros para calificar a un régimen como dictadura, a una dictadura como de crimen organizado y a un estado como criminal están dados por normas de vigencia universal y regional como la Carta de las Naciones Unidas, la Declaración Universal de los Derechos Humanos, la Carta de Bogotá, el Pacto de San José, el Tratado de la Unión Europea, la Convención de Palermo, la Carta Democrática Interamericana y muchos más, de vigencia obligatoria para los estados, gobernantes y ciudadanos.

En este contexto en mi columna "Diferenciar y separar la política del crimen organizado" publicada el 11 de Marzo pasado, afirmo y hoy reitero que: "La realidad de las Américas se agrava porque el castrochavismo demuestra que sus acciones y objetivos no son cuestión política y que corresponden íntegramente al ámbito del crimen organizado. La división entre países con democracia y bajo dictaduras es ya insuficiente. Los regímenes de Cuba, Venezuela, Bolivia, Nicaragua y el Ecuador de Correa, además de haber establecido gobiernos de facto concentrando todo el poder y sostenidos por la violencia, están en el ámbito de la delincuencia organizada transnacional".

El orden de los estados bajo control criminal, Cuba, Venezuela, Bolivia y Nicaragua responde al tiempo histórico en que se inicia el régimen delictivo en cada uno de éstos. Cuba desde 1959 cumplirá 60 años con los Castro, Venezuela estableció el crimen organizado como régimen con Hugo Chávez en 1999, Bolivia lo hizo el 2006 con Evo Morales y 2007 Daniel Ortega empezó el control de Nicaragua.

Prueba de que son dictaduras es que violan todos los elementos esenciales de la democracia. Con perseguidos, presos y exiliados políticos, con crímenes, masacres y torturas como acciones de estado, sin libertad de prensa, sin estado de derecho, sin división ni independencia de poderes, con el poder judicial convertido en mecanismo de represión política, con las elecciones transformadas en fraude permanente para suplantar la voluntad y la soberanía popular y permanecer indefinidamente en el poder. La prensa internacional respecto a Cuba, Venezuela, Bolivia y Nicaragua da las características comunes de los detentadores del poder que regidos por Cuba están asociados en operaciones que van desde acciones de calle, de desestabilización y propaganda, caravanas, hasta violencia en foros internacionales como en la ONU con "diplomáticos" de Cuba y Bolivia agrediendo la intervención de Almagro sobre presos en Cuba.

Prueba que son delincuencia organizada transnacional son los presos políticos que hay en Cuba, Venezuela, Bolivia y Nicaragua con la misma metodología de dirección castrista. Cuba tiene más de 120, Venezuela cerca de 500, Bolivia más de 80 y Nicaragua más de 300. Otra prueba son los exiliados cubanos y venezolanos que pueden contarse por millones, los bolivianos que de acuerdo a datos de ACNUR son más de 1.200 y los nicaragüenses que aumentan cada día.

Más prueba de delincuencia organizada es el narcotráfico que señala como narco estados a Venezuela y Bolivia, la primera como eje de comercialización de la cocaína de las FARC y de los cocaleros liderados por Evo Morales que desde Bolivia han inundado la región y el mundo con droga producida con el aumento en más de 20 veces de la producción de coca ilegal, la expulsión de la DEA y la "reivindicación política internacional" del narcotráfico proclamando como lo hizo Morales en la ONU el 2016 que "la lucha contra el narcotráfico es un instrumento del imperialismo norteamericano para oprimir a los pueblos".

Quienes no vean este escenario completo y excluyan a alguno de los "cuatro estados criminales" de análisis o declaraciones se equivocan o son víctimas de las permanentes acciones de penetración y encubrimiento que las dictaduras realizan en el mundo democrático, y deben una explicación.

ENSAYO SOBRE LA OPOSICIÓN POLÍTICA FUNCIONAL EN DICTADURA

25 de noviembre de 2018

Por su naturaleza y objetivos la oposición política es parte inseparable de la democracia por lo que resulta imposible sin la vigencia de los elementos esenciales de la democracia. Cuando la democracia es suplantada, la oposición política desaparece, nace la resistencia, y toda acción a la que se atribuya el nombre de oposición resulta una simulación para legitimar al régimen. Se trata de la "oposición funcional en dictadura" que lejos de ser oposición es complicidad.

Oposición política es la "expresión de contradicción imprescindible en el proceso democrático de formación de la voluntad política y es consustancial a la libertad, los derechos humanos, el pluralismo y la alternancia en el poder", y debe tener como característica imprescindible "la posibilidad de llegar al gobierno por medio de elecciones". Resistencia es "el conjunto de personas que se oponen con distintos métodos a los invasores de un territorio o a una dictadura".

Democracia es la "forma de gobierno en la que el poder político es ejercido por los ciudadanos", es la "doctrina política según la cual la soberanía reside en el pueblo que ejerce el poder directamente o por medio de sus representantes". Dictadura es el "régimen político que, por la fuerza o violencia, concentra todo el poder en una persona o en un grupo u organización y reprime los derechos humanos y las libertades individuales".

Para todos los estados de las Américas la democracia es un derecho humano "esencial para el desarrollo social, político y económico de los pueblos". La Carta Democrática Interamericana establece —entre otros— como elementos esenciales de la democracia: "el respeto a los derechos humanos y las libertades fundamentales; el acceso al poder y su ejercicio con sujeción al estado de derecho; la celebración de elecciones periódicas, libres, justas y basadas en el sufragio universal y secreto como expresión de la soberanía del pueblo; el régimen plural de partidos y organizaciones políticas; y la separación e independencia de los poderes públicos".

Si uno solo de los elementos esenciales de la democracia falta, la democracia ya no existe, porque esencial es "aquello que constituye la naturaleza de las cosas, lo permanente, lo más importante y característico de una cosa". No hay democracia a medias, y apelativos tales como híbrida o imperfecta son sofismas interesados y sin rigor académico ni político para continuar disfrazando de democracias los regímenes dictatoriales.

Es este contexto legal y conceptual es fácilmente verificable que los regímenes de Cuba, Venezuela, Nicaragua y Bolivia son dictaduras desde hace mucho tiempo. Cuba con los Castro desde 1959, Venezuela con Chávez desde 2007 o antes y hoy sin duda con Maduro, Nicaragua por lo menos desde 2009 con Ortega, y Bolivia desde 2008 con Morales. Se trata de regímenes que no cumplen ninguno de los elementos esenciales de la democracia, que se ajustan perfectamente al concepto de dictadura y en los cuales no existe la posibilidad de oposición política.

Hechos públicos y notorios demuestran que los regímenes de Cuba, Venezuela, Nicaragua y Bolivia: violan los derechos humanos y las libertades fundamentales como política de estado; que tienen perseguidos, presos y exiliados políticos; que cometen crímenes políticos, de lesa humanidad y de delincuencia organizada con impunidad; que no existe estado de derecho porque el dictador es la ley; que no hay posibilidad alguna de elecciones libres ni justas; que el poder judicial es el instrumento de represión y persecución política; que no existe libertad de prensa; que no hay división ni independencia de poderes y más.

En ese estado de situación hay quienes se proclaman y actúan como "oposición política" y que más allá del inadecuado uso del término pretenden hacer creer a venezolanos, nicaragüenses, bolivianos y a la comunidad internacional que realmente se oponen al régimen. Pero la gente pregunta si creen que en verdad existe democracia?, si se desenvuelven con libertad?, si existe pluralismo?; si el sistema respeta sus derechos humanos y libertades fundamentales?; si tienen alguna opción de llegar al poder ganado elecciones? ...y la respuesta es NO.

Lo que muestra la realidad objetiva es que las dictaduras del castrochavismo o socialismo del siglo XXI sostienen por interés propio opositores políticos funcionales que legitiman al régimen. Son funcionales porque su existencia es permitida, alentada y sostenida atendiendo la facilidad, utilidad y comodidad de su empleo para la continuidad del régimen.

Hay que reivindicar a los oponentes de buena fe —existen— que permanecen en la lucha integrando la resistencia, pero es imprescindible identificar a quienes son opositores funcionales por necesidad, sobrevivencia, presiones, coacciones e intimidaciones, y los que llegaron a la funcionalidad por intereses y razones económicas, de conservación o acrecentamiento de posiciones o patrimonios en el sistema de corrupción, por vía directa, de concesiones, permisos, provisiones, contratos y todo tipo de negociados de las dictaduras.

No se puede continuar en el engaño de que existen oposiciones reales en dictaduras de delincuencia organizada transnacional cuya crueldad y corrupción están probadas y fuera de toda duda. Los funcionales sostienen a las dictaduras porque saben que caerán con ellas y esta es gran parte del problema por el que la recuperación de la democracia está tardando tanto.

LA ABSTENCIÓN FRENTE A LA SIMULACIÓN ELECTORAL DE LAS DICTADURAS

02 de diciembre de 2018

Las dictaduras del siglo XXI en Las Américas son resultado de la expansión de la dictadura de Cuba, integradas hoy por Venezuela, Nicaragua y Bolivia. Llegando al poder por elecciones, con sucesivos golpes suplantaron el orden constitucional hasta crear una trama jurídica contraria a la democracia. Con su metodología de fraude y otros delitos manipulan el sistema electoral para retener indefinidamente el poder. Han convertido las elecciones en simulación, frente a lo que la abstención es una opción de resistencia civil para recuperar la democracia.

La celebración de "elecciones periódicas, libres, justas y basadas en el sufragio universal y secreto como expresión de la soberanía del Pueblo" es elemento esencial de la Democracia, mandatorio por el Art. 3 de la Carta Democrática Interamericana, que solo es posible si concurre con el "respeto a los derechos humanos y libertades fundamentales", el "estado de derecho", un "régimen plural de partidos y organizaciones políticas", y la "separación e independencia de los poderes públicos".

La condición dictatorial está probada por la violación de todos los elementos esenciales de la democracia mediante la suplantación del orden democrático, manipulando constituyentes, referéndums, consultas y elecciones hasta imponer como ordenamiento jurídico un artificio doloso, una trama, que son los sistemas legales que rigen en Venezuela, Nicaragua, Bolivia y Ecuador de Correa. Se trata de estatutos dictatoriales que han reemplazado la institucionalidad de la "República" con "leyes infames" para asegurarse la permanencia indefinida en el poder y la impunidad.

Hugo Chávez y Nicolás Maduro en Venezuela, Daniel Ortega en Nicaragua, Evo Morales en Bolivia y Rafael Correa en Ecuador, eliminaron la división e independencia de los poderes públicos utilizando de la manipulación electoral. Dieron al órgano electoral la condición de "poder del estado" y designando a sus miembros hicieron desparecer cualquier posibilidad de imparcialidad, manipulando desde la identificación del ciudadano, su registro, la zonificación electoral, la habilitación de candidatos, la campaña y los resultados.

Los repetidos procesos electorales con resultados manipulados sirvieron a los dictadores del castrochavismo para insistir en presentarse como presidentes y travestir como democracias sus impresentables dictaduras. Cuando pese al fraude y la manipulación perdieron elecciones o referéndums, usaron la manipulación de los otros poderes del estado que también controlan como el Judicial y/o el Legislativo para permanecer ilegal e ilegítimamente en el poder como sucedió con Chávez el 2005-2007, Maduro el 2013 y el 2018, con Ortega desde el 2009, con Morales el 2009, 2014 y los crímenes que ejecuta ahora para el 2019.

Cuando un proceso electoral no tiene condiciones de democracia y no hay garantía de transparencia no pueden ser elecciones libres y justas, entonces la oposición y la resistencia tienen solo las opciones de participación o abstención. La participación opositora en las elecciones de las dictaduras del castrochavismo presenta uniformemente a candidatos funcionales al régimen, fraude, manipulación de resultados y la permanencia del dictador en el poder.

Venezuela nos enseña por lo menos tres modalidades para enfrentar las elecciones en dictadura: 1.- La abstención total en elecciones parlamentarias de 2005 que permitió el control total de Chávez en un momento de consolidación dictatorial; 2.- La unidad de oposición con la Mesa de la Unidad Democrática que ganó la elección presidencial de 2013 que no pudo defender, y que ganó las elecciones parlamentarias de 2015 con el control de 2/3 de la Asamblea Nacional, inerme, luego perseguida y suplantada por Maduro; 3.- La abstención en las elecciones presidenciales de 2018 que llevaron a la ilegalidad e ilegitimidad de Nicolás Maduro, con la concurrencia de dos candidatos como opositores visiblemente funcionales y la abstención estimada hasta en el 70%.

Cuando el candidato del régimen controla todo, las normas, las autoridades electorales y judiciales, tiene todos los recursos del estado y de la corrupción, puede ejercer intimidación y prebenda en electores y elegidos, controla la prensa y tiene el monopolio de la propaganda electoral, no hay ninguna posibilidad de elecciones libres y la abstención del pueblo venezolano en Mayo de 2018 es una opción que deslegitima al régimen y marca su inevitable caída. La abstención es resistencia civil a las dictaduras que hacen de elecciones manipuladas su coartada para simular una democracia que no existe.

SER CANDIDATO EN DICTADURA
ES VESTIR AL TIRANO DE DEMÓCRATA

16 de diciembre de 2018

Los regímenes castrochavistas de Venezuela, Nicaragua y Bolivia son dictaduras electoralistas que tienen como elemento esencial la realización de elecciones manipuladas con las que buscan simular democracia. Se trata de procesos sin libertad ni justicia, en los que no hay posibilidad de que un opositor pueda llegar al poder aunque gane las elecciones. En estas condiciones, quienes se presentan como candidatos quedan convertidos en funcionales y cómplices del régimen, que con su participación visten al tirano de demócrata.

Conceptualizo la "dictadura electoralista" como "el régimen político que por la fuerza o violencia concentra todo el poder político en una persona o en un grupo, reprime los derechos humanos y las libertades fundamentales, y utiliza las elecciones como medio de simulación y propaganda para mantenerse indefinidamente en el poder".

La esencia de elección es "escoger o preferir" a alguien para un determinado fin. Políticamente es "un proceso de toma de decisiones en que los ciudadanos eligen con su voto a una persona para determinado cargo público". Las elecciones son parte del proceso electoral que es "el conjunto de actos realizados en fases de acuerdo a la Constitución y las leyes que mandan a las autoridades electorales, partidos políticos y ciudadanos para renovar periódicamente los miembros electivos del Estado".

En las Américas, las elecciones en sí mismas no son democracia. Son un elemento esencial de la democracia, instituido por la Carta Democrática Interamericana como "la celebración de elecciones periódicas, libres, justas y basadas en el sufragio universal y secreto como expresión de la soberanía del pueblo". Deben estar integradas y concurrir con el "respeto a los derechos humanos y las libertades fundamentales", la vigencia del "estado de derecho", un "régimen plural de partidos y organizaciones políticas", y la "separación e independencia de los poderes públicos".

Para que las elecciones sean libres y justas deben existir "condiciones de democracia", esto es la presencia mínima de los elementos esenciales de la democracia que permitan ser electores y elegidos a todos los ciudadanos, la igualdad de opciones a los candidatos, transparencia del proceso, autoridades electorales imparciales, garantía de recursos ante jueces imparciales, libertad de asociación, libertad de expresión y de prensa, garantías contra el fraude electoral, inmediatez y más.

Sin condiciones de democracia las elecciones son convertidas en un mecanismo de burla de la voluntad popular, transformadas en el instrumento ilegal y criminal de perpetuación en el poder, un sistema de fraude, corrupción y de NO elección, impuesto en Cuba, Venezuela, Nicaragua y Bolivia que son "dictaduras electoralistas", donde los dictadores han transformado las elecciones en una penosa cadena de delitos de orden público, que cometen con impunidad y reincidencia.

Elecciones donde se violan los derechos humanos y las libertades fundamentales, con perseguidos, presos y exiliados políticos; donde no hay libertad de prensa; donde que se manipulan los registros y la información; cuando el "estado de derecho" no existe y la "división e independencia de los poderes públicos" es una simulación pues todo el poder está concentrado en el jefe que es al mismo tiempo el candidato a perpetuar: no son elecciones, es fraude, es crimen organizado en acción.

En el siglo XXI, la experiencia más larga, enriquecedora y terrible sobre qué hacer desde la oposición y la resistencia democráticas, en un sistema de dictadura electoralista, es la de Venezuela que durante casi veinte años ha probado prácticamente todo y ha concluido en la "doble abstención" que consiste en no presentar candidatos y no votar o votar nulo. Este extremo recurso de resistencia civil frente a la dictadura ha resultado muy efectivo para "deslegitimar" al régimen, al que quita la careta democrática, pone fin a la simulación y demuestra los crímenes de los detentadores del poder.

Quienes se presentan como candidatos de oposición en las "dictaduras electoralistas" no tienen ninguna justificación pues su presencia cumple el único propósito de legitimar al "dictador candidato". Cuando además los candidatos son varios y hasta muchos —lo que garantiza la manipulación del dictador candidato— como sucede ahora mismo en Bolivia, los llamados candidatos de oposición son simples cómplices en el vergonzoso papel de vestir al tirano de demócrata.

MIENTRAS CUBA SEA UNA DICTADURA, LAS AMÉRICAS ESTARÁN EN PELIGRO

23 de diciembre de 2018

A 60 años de dictadura en Cuba, es extremo e impune el efecto criminal que el régimen castrista causa. La masacre y sometimiento de su pueblo, fusilamientos, presos, millones de exiliados, desestabilización, invasiones, guerrillas urbanas y rurales, terrorismo, narcotráfico, asesinatos, torturas, trata de personas, asesinato de reputaciones, conspiraciones, operaciones contra la paz y seguridad internacionales. No hay delito común, político y de lesa humanidad que Fidel Castro y los miembros de su régimen no hayan cometido y cometan. Mientras Cuba sea una dictadura, los pueblos, los gobiernos y los países de las Américas estarán en peligro.

La dictadura de Cuba es el régimen de facto que tomó La Habana el 1 de enero de 1959, sostenido por la fuerza y la violencia concentró todo el poder en Fidel Castro, quien lo ejerció hasta el 31 de julio de 2006 cuando impedido por motivos de salud y de vejez lo traspasó a su hermano Raúl Castro. El 18 de abril de 2018 el régimen ha iniciado una maniobra de transición dictatorial designando como "presidente" a Miguel Díaz-Canel y poniendo en marcha una reforma de su constitución dictatorial. Hoy controla las dictaduras de Venezuela, Nicaragua y Bolivia.

Como expresión de su peligrosidad, el 31 de enero de 1962 Cuba fue expulsada de la Organización de Estados Americanos (OEA) porque su presencia era "incompatible el sistema interamericano.

El 3 de junio de 2009 a iniciativa de Venezuela, Ecuador, Bolivia, Nicaragua y Honduras la OEA dejó sin efecto la expulsión, pero Cuba no ha reingresado.

En 1961 la dictadura cubana dio origen al ELN de Nicaragua luego convertido en Frente Sandinista de Liberación Nacional, al Movimiento Revolucionario 13 de Noviembre y las FAR en Guatemala; en 1962 a las Fuerzas Armadas de Liberación Nacional FALN en Venezuela; en Colombia autodefensas convertidas en el bloque sur y luego transformadas en las FARC; en Perú el ELN y el MIR; en Bolivia el ELN; los Tupamaros en Uruguay como guerrilla urbana; en Argentina los Montoneros y en los 70 el ERP; el MR8 en Brasil, y muchos más, el castrismo no dejó prácticamente un país sin ensangrentar con las guerrillas.

El 15 de octubre de 1962 inició la "crisis de los misiles" por el descubrimiento de Estados Unidos del establecimiento de bases de misiles nucleares de alcance medio de la Unión Soviética en territorio de Cuba. La dictadura cubana en este conflicto llevaba al mundo a una guerra nuclear que fue evitada con el acuerdo del líder Soviético Jruschov (a espaldas de Fidel Castro) con el Presidente Kennedy. La historia demuestra que el dictador Castro y su régimen alentaron la agresión nuclear. El Che Guevara escribió que era "el ejemplo escalofriante de un pueblo que está dispuesto a inmolarse atómicamente para que sus cenizas sirvan de cimiento a sociedades nuevas".

En las décadas de los 70, 80 convirtieron las guerrillas en terrorismo vinculado a crímenes de narcotráfico, secuestro y extorsión, con las FARC de Colombia como el caso más notable. Su implicación en narcotráfico está documentada incluyendo la relación con Pablo Escobar. Ante la desaparición de la Unión Soviética y la caída del muro de Berlín organizaron el Foro de San Pablo y Hugo Chávez los salvó de consumirse en el "periodo especial" en 1999 dando origen a lo que hoy es el "castrochavismo" con el que repiten y multiplican sus crímenes en Venezuela, Nicaragua y Bolivia y amenazan a toda la región.

El 7 de diciembre de 2018 la OEA ha celebrado la Conferencia sobre Derechos Humanos en Cuba, en la que el Secretario Almagro ha declarado con acierto que "mientras Cuba sea una dictadura, persiguiendo, asesinando, torturando, silenciando a su gente, y enseñando a otros a perseguir, asesinar, torturar y silenciar, no podremos tener un Hemisferio completamente desprovisto de malas prácticas que afectan la libertad, la democracia y la paz". Los líderes de las Américas saben que es así, pero muchos callan.

La dictadura de Cuba es la mayor amenaza para las Américas empezando por Estados Unidos su principal enemigo. Hoy maniobra con la presencia de Rusia, China e Irán en la región, con el terrorismo islámico, con el narcotráfico, con la presión migratoria, con la desestabilización de gobiernos democráticos, con violación a los derechos humanos, con presos políticos, torturas, exiliados y con todo tipo de crímenes. Nunca dejaron de delinquir y hoy lo hacen directamente y por medio de sus operadores los dictadores Nicolás Maduro, Daniel Ortega y Evo Morales.

GRUPO DELICTIVO ORGANIZADO: MADURO Y MORALES DEFIENDEN A ORTEGA

30 de diciembre de 2018

La activación de la Carta Democrática Interamericana (CDI) contra el régimen de Daniel Ortega y Rosario Murillo ha provocado la violenta defensa de Nicolás Maduro y Evo Morales. Ante la brutal realidad objetiva de asesinatos, torturas, apresamientos políticos, violación de derechos humanos y todo tipo de crímenes, la acción de Maduro y Morales a nombre de Venezuela y Bolivia a favor régimen de Nicaragua es confesión pública y prueba plena del "grupo delictivo organizado" que integran bajo la jefatura de Cuba.

El sistema internacional actual tiene normas y procedimientos para frenar y sancionar los crímenes que cometen los detentadores ilegales del poder. Además de la aplicación de la CDI, la instancia de las Naciones Unidas está abierta, pero resultaría más rápida y efectiva en el caso de Nicaragua, Cuba, Venezuela y Bolivia, la Convención de Palermo sobre Delincuencia Organizada Transnacional.

El artículo 2 de la Convención de Palermo establece que "por grupo delictivo organizado se entenderá un grupo estructurado de tres o más personas que exista durante cierto tiempo y que actúe concertadamente con el propósito de cometer uno o más delitos graves o delitos tipificados con arreglo a la presente convención con miras a obtener, directa o indirectamente, un beneficio económico u otro beneficio de orden material". Detalla que, "por delito grave se entenderá la conducta que constituye un delito punible con una privación de libertad máxima de al menos cuatro años o con una pena más grave".

Reitero que los dictadores de Cuba, Venezuela, Nicaragua y Bolivia están fuera del ámbito de la política y actúan en el del crimen organizado para mantener indefinidamente el poder. Los 60 años de dictadura en Cuba son el ejemplo del "éxito de conducta delictiva", un *iter criminis* sin fin que no ha dejado delito sin cometer, con reincidencia e impunidad al amparo del poder político. Al terminar el año 2018 el eje de confrontación en las Américas —no es ideológico es fáctico— y es "Delincuencia Organizada Transnacional contra Democracia".

Las protestas comenzaron en Nicaragua el 18 de Abril de 2018 y Daniel Ortega y Rosario Murillo pusieron en aplicación la metodología de control social diseñada y aplicada por la dictadura castrista de Cuba. De manera sostenida y reincidente han causado hasta ahora cerca de 500 muertos con asesinatos evidentes, más de 2.500 heridos, más de 2.000 presos políticos sometidos a torturas y un número indeterminado de exiliados, violando todos los derechos humanos y libertades fundamentales.

Los crímenes de Ortega y Murillo han sido y son cometidos desde su función de jefes del estado de Nicaragua, usando la total concentración del poder político, legislativo, judicial, económico, militar, policial y de propaganda que lograron aplicando el sistema del castrochavismo o socialismo del siglo XXI de acceder al poder mediante votación y luego desmontar la institucionalidad democrática reemplazándola por leyes infames, haciendo desaparecer el estado de derecho, la división e independencia de poderes, anulando la oposición y suplantándola por cómplices funcionales.

Tanto el sistema castrochavista de construcción de las "dictaduras del socialismo del siglo XXI", como la metodología de control social fundada en el terror y la violación de los derechos humanos, son creación de la dictadura castrista de Cuba. Han sido aplicados en los últimos 20 años empezando por Venezuela con Hugo Chávez y luego Nicolás Maduro, en Ecuador con Rafael Correa, en Bolivia con Evo Morales y en Nicaragua con Daniel Ortega. La Argentina con los Kirchner, Brasil con Lula y Rousseff y varios países centroamericanos como Salvador y Honduras, fueron proyectos muy avanzados contenidos por la democracia.

Cuando el dictador Nicolás Maduro dice que "el impresentable Luis Almagro, evidencia una vez más su servilismo a los intereses de la política exterior estadounidense..." y el dictador Evo Morales dice "rechazamos que por instrucción del Imperio y con intenciones golpistas la OEA pretenda aplicar la Carta Democrática a Nicaragua", estamos viendo una acción —digitada desde Cuba— del grupo delictivo transnacional que sin ningún pudor justifica los crímenes que se cometen en Nicaragua, porque con la misma agenda ellos cometen los mismos delitos en Venezuela a la que ya se aplica la CDI y en Bolivia a la que no tarda en aplicarse.

3

CUBA

TRASPASO DE PODER EN CUBA, OTRA ACCIÓN DE CRIMEN ORGANIZADO

22 de abril de 2018

Falsedad, engaño e impunidad son algunos de los elementos esenciales del traspaso de poder que se acaba de escenificar en Cuba. No se trata de un hecho político sino de una nueva cadena de delitos para continuar controlando Cuba como Estado, sometiendo a su pueblo y dirigiendo desde ahí la más importante red de delincuencia organizada transnacional que utiliza la política como cobertura. Cada paso del llamado "traspaso de poder en Cuba" prueba los "delitos graves" que comete el "grupo estructurado" de crimen organizado que detenta el poder político.

Falsedad es la falta de verdad, es el "delito consistente en la alteración o simulación de la verdad con efectos relevantes, hechas en documentos públicos…". Engañar es "hacer creer a alguien que algo falso es verdadero", es "producir ilusión" o sea, imagen sin verdadera realidad. Cuando quienes cometen delitos, engaños y simulaciones que violan los derechos humanos y someten a un pueblo para cometer más crímenes en el ámbito internacional, se mantienen sin castigo, estamos frente a la impunidad.

La falsedad como elemento esencial del régimen castrista en Cuba se prueba en las denominadas "elecciones" para la asamblea del poder popular en Cuba realizadas el 11 de marzo de 2018 que presentan como "elecciones parlamentarias" con 8.639.989 inscritos de los que votaron 7.399.891 que por el 94,42% "eligieron" 605 diputados que a su vez "eligieron" a los miembros el Consejo de Estado, al Presidente y al Vicepresidente por un promedio de 99.83%.

Es la prueba de los delitos de falsedad, falsificación y suplantación, porque para que haya "elección" debe haber "libertad de obrar" y "elegir es escoger o preferir a alguien", lo que no existe con un partido único, con candidatos digitados en listas oficiales, sin libertad, con represión, presos políticos, sin oposición, en un sistema de control totalitario. En Cuba no hay elecciones. Lo que el régimen falsifica como elecciones es simplemente la secuencia de sus delitos, buscando hacer creer que en Cuba se puede "elegir" cuando en verdad un pueblo oprimido —no ciudadano y bajo presión— solo es forzado a las órdenes y designios de los detentadores ilegítimos del poder.

Toda esta falsificación es para hacer otro fraude consistente en instalar bajo la denominación de "presidente" a un operador que cumpla parcialmente las funciones que por cuestiones de edad y de salud no puede ya realizar el jefe de la organización Raúl Castro, quien a su vez recibió su posición por sucesión forzada por la enfermedad y posterior muerte de Fidel Castro.

¿Puede haber presidente en un estado en el que no hay "elecciones libres, justas y basadas en el sufragio universal y secreto como expresión de la soberanía del pueblo"? Claro que NO. Solo es otro notable ejercicio de engaño el tratar de presentar como "presidente" a un "dictador", y en el caso de la imposición de Miguel Díaz-Canel parecería que se trata de un amanuense del dictador deteriorado.

Lo actuado en Cuba podría ser una comedia exitosa si no tuviera el gravísimo efecto de oprimir a cerca de once millones y medio de cubanos, de manipular y sostener con mismas prácticas delictivas los regímenes de Venezuela, Bolivia y Nicaragua (señalados como narcoestados), además de amenazar con terrorismo, desestabilización, secuestros y crímenes a los gobiernos democráticos. En plena revolución comunicacional, el castrismo pretende presentar como transición, elección y nuevo presidente la simple operación de ajuste de su cúpula para seguir delinquiendo bajo el disfraz de la política y del Estado que controlan.

La literatura y la información pública indican que cuando en la mafia el capo envejece o se inhabilita, se produce una reunión de las familias que por medio de sus representantes "eligen" al sucesor que el capo ha señalado previamente. El capo envejecido mantiene el poder y el capo sucesor opera bajo sus instrucciones y protección. La función del capo envejecido es la del poder real porque controla a los jefes de los clanes familiares de la mafia y el objetivo es una transición generacional suave entre mafiosos, pero no un cambio ni de sistema ni del objeto de los negocios criminales que manejan. ¿Hay diferencia entre el procedimiento de la mafia y lo que estamos viendo en Cuba?

Las democracias del mundo lo saben. La esperanza es que se den cuenta el peligro que para ellos mismos representa un traspaso de poder como acción de crimen organizado.

LAS DICTADURAS SON CUATRO: CUBA, VENEZUELA, NICARAGUA Y BOLIVIA

10 de junio de 2018

El 48 Periodo Ordinario de Sesiones de la Asamblea General de la OEA ha cumplido el objetivo de la Organización de "promover y consolidar la democracia", declarando ilegítimo el proceso electoral y el régimen de Venezuela. Es un hecho histórico que consolida la recuperación de la OEA luego del vergonzoso periodo en que estuvo bajo control y fue instrumento de las "dictaduras del socialismo del siglo XXI" hoy denominadas "dictaduras de delincuencia organizada". Es un recordatorio de que siguen existiendo "dos Américas", la democrática y la dictatorial, y que las dictaduras son cuatro: Cuba, Venezuela, Nicaragua y Bolivia.

La democracia en las Américas es obligatoria para los estados que forman parte de la OEA. No es un concepto abstracto librado a consideraciones teóricas, ni es una cuestión en debate, porque está contenida por un texto mandatorio que es la Carta Democrática Interamericana (CDI), suscrita en Lima, el 11 de septiembre de 2001. El término "Carta" en el Derecho Internacional "se usa para designar instrumentos oficiales de especial solemnidad, como el tratado constitutivo de una organización internacional". La OEA tiene dos cartas, la de Bogotá, con la que se constituyó, y la Democrática Interamericana, con la que institucionalizó la democracia. Esa es la importancia y obligatoriedad de una norma obligatoria que las dictaduras pretenden sea vista como una simple proclama.

El Art. 1 de la CDI manda que "Los pueblos de América tienen derecho a la democracia y sus gobiernos la obligación de promoverla y defenderla". El Art. 3 determina que "son elementos esenciales de la democracia representativa entre otros, el respeto a los derechos humanos y las libertades fundamentales; el acceso al poder y su ejercicio con sujeción al estado de derecho; la celebración de elecciones periódicas, libres, justas y basadas en el sufragio universal y secreto como expresión de la soberanía del pueblo; el régimen plural de partidos y organizaciones políticas; y la separación e independencia de los poderes públicos".

Dictadura es el "régimen político que, por la fuerza o violencia, concentra todo el poder en una persona o en un grupo y organización y reprime los derechos humanos y las libertades individuales". Aplicando la CDI, existe dictadura cuando se establece "una forma de gobierno que concentra el poder en un individuo o una élite violando cualquiera de los elementos esenciales de la democracia". Estas son las características que hoy se presentan en Cuba, Venezuela, Nicaragua y Bolivia, que son dictaduras.

La democracia reacciona después de casi dos décadas de imposición del modelo dictatorial cubano con el petróleo de Venezuela por la alianza Castro-Chávez, continuada con el control castrista del régimen de Nicolás Maduro. Esto hizo de la OEA con Insulza un instrumento de expansión y encubrimiento de las dictaduras, fortalecido con el sistema de crimen organizado transnacional de contratación de obras destapado como "lava jato" con el "Foro de Sao Paulo", la participación de Lula da Silva desde Brasil y que aún se encubre en Cuba, Venezuela, Nicaragua y Bolivia.

El secretario general, Luis Almagro, rompió el esquema en el caso Venezuela aplicando la CDI con sus informes y su sostenida lucha que ha creado la "Doctrina Almagro". La nueva política exterior de los Estados Unidos señalada por el presidente Trump en Junio de 2017 empieza a aplicarse casi un año después con el secretario de Estado, Mike Pompeo, y marca el retorno a los principios que coinciden con sus intereses de seguridad nacional. El Grupo de Lima, el liderazgo de México, el valor de Costa Rica y Chile, la decisión de Argentina y Brasil y el cambio de Colombia, dan 19 votos importantes pero no suficientes.

En los 11 países que se abstuvieron destaca Ecuador, con señales de salida del grupo de las dictaduras donde lo amarró Correa; Nicaragua, que es una de las dictaduras pero que se abstiene seguramente a cambio del trato suave que recibió, y los países que aún dependen del petróleo dictatorial o del miedo. Los que respaldan la dictadura venezolana son Cuba, desde fuera, que mostró controlar a Dominica y San Vicente LG, y Bolivia, de Evo Morales, porque su permanencia indebida en el poder depende de las dictaduras de Venezuela y Cuba.

No podemos olvidar que las dictaduras son cuatro: Cuba, Venezuela, Nicaragua y Bolivia, e integran una unidad de crimen organizado transnacional.

APLICAR LA CONVENCIÓN DE PALERMO POR LA TRATA DE MÉDICOS CUBANOS EN BRASIL

18 de noviembre de 2018

Bajo el sofisma de "cooperantes o internacionalistas" la dictadura de Cuba opera un sistema de médicos y personal en "condiciones de esclavitud" con gobiernos de América Latina y otros. El programa en Brasil llamado "Mais Médicos" terminó abruptamente por decisión del régimen castrista para negar el pedido del presidente electo Jair Bolsonaro de que los médicos cubanos perciban el total de su salario, tengan derecho a homologar sus títulos y no sean obligados a estar separados de sus familias. Los antecedentes y las amenazas y coacción con que el régimen está forzando el retorno de los médicos a Cuba, hacen aplicable el Protocolo de "Trata de personas" de la Convención las Naciones Unidas contra la Delincuencia Organizada Transnacional.

El "Protocolo para prevenir, reprimir y sancionar la Trata de Personas, especialmente mujeres y niños" es Anexo II de la Convención. Su Art. 3,a) define: "Por trata de personas se entenderá la captación, el transporte, el traslado, la acogida o la recepción de personas, recurriendo a la amenaza o al uso de la fuerza u otras formas de coacción, al rapto, al fraude, al engaño, al abuso de poder o de una situación de vulnerabilidad o a la concesión o recepción de pagos o beneficios para obtener el consentimiento de una persona que tenga autoridad sobre otra, con fines de explotación. Esta explotación incluirá como mínimo, la explotación de la prostitución ajena u otras formas de explotación sexual, los trabajos o servicios forzados, la esclavitud o las practicas análogas a la esclavitud, la servidumbre o la extracción de órganos"

El Protocolo II agrega que "el consentimiento dado por la víctima de trata de personas...no se tendrá en cuenta...". La Convención fue firmada en Diciembre de 2000 en Palermo. Brasil ratificó la Convención de Palermo y los anexos el 29 de enero de 2004, Cuba ratificó la Convención de Palermo el 9 de Febrero de 2007 y adhirió al Protocolo sobre Trata de Personas el 20 de junio de 2013.

Mais Medicos fue iniciado por la presidenta Rousseff el 8 de julio de 2013 y acusado desde su inicio de ser un sistema de esclavitud, pues del salario que por cada médico paga Brasil el régimen cubano se beneficia con aproximadamente 70%, la Organización Panamericana de la Salud (OPS) que hace de intermediaria retiene recursos y el médico recibe un saldo. Los llamados internacionalistas son obligados a dejar sus familias en Cuba como rehenes que garantizan su sometimiento y retorno.

Por el mismo sistema, médicos y personal cubanos sirven en Venezuela, Bolivia, Ecuador desde Correa y otros países. En Venezuela el programa fue llamado "Misión Barrio Adentro" comprende más de 31.000 cubanos y la denuncia de apropiación del salario por el castrismo igual. En Bolivia "operación milagro" y los médicos bolivianos sostienen protestas contra la presencia de miles de cubanos, a los que han acusado mala práctica médica y participación en política interna para el régimen de Evo Morales. En Ecuador el castrismo ha obligado a los «cooperantes» a «tuitear con cuota mandatoria» la defensa del programa esclavista.

Ya en 2014 El Nuevo Herald informó que "cerca de 3.000 profesionales cubanos, la mayoría de ellos médicos desertaron de los programas de Venezuela en el 2013". Esta semana el periodista Andrés Oppenheimer trata el tema como "la escandalosa esclavitud de los

médicos cubanos en Brasil", demostrando que las familias de los médicos "permanecen en Cuba como rehenes para reducir el riesgo de
deserciones masivas", acusando la participación de la OPS/OMS. El
periodista Mario J, Pentón publicó en Twitter la filmación a un fun-
cionario cubano coaccionando a "los que se atrevan a pedir asilo en
Brasil que no podrán regresar a Cuba en ocho años".

Abundante prueba demuestra que los miembros de la dictadura
de Cuba liderados por Raúl Castro, los altos ejecutivos de la OPS
y funcionarios del gobierno de Brasil con Rousseff y del Partido de
los Trabajadores constituyeron un "grupo delictivo organizado" para
cometer "delitos graves" con la "trata de personas", obteniendo como
"producto del delito" muchos millones de dólares, cayendo en las
definiciones del Art. 2 y en "blanqueo del producto del delito" del Art.
6 de la Convención de Palermo. Brasil tiene todas las condiciones y la
obligación de aplicar la Convención de Palermo y el Anexo sobre de
Trata de Personas al caso de los médicos cubanos.

4

VENEZUELA

MÁS ACCIONES CONCRETAS
CONTRA LA DICTADURA DE VENEZUELA

06 de mayo de 2018

El régimen de delincuencia organizada de Venezuela está dispuesto a burlarse indefinidamente de su pueblo y de la comunidad internacional. La crisis humanitaria, el narcotráfico, los crímenes y la detentación ilegítima e ilegal del poder político que el castrochavismo ha producido y ejecuta en Venezuela afectan a toda la región y al mundo. Los gobiernos democráticos tienen los medios legales para actuar y terminar con el peligro representa la dictadura de Nicolás Maduro tomando más acciones concretas.

Los venezolanos y la gente que padece las consecuencias de la dictadura castrochavista en Venezuela y en la región están desesperados, ya acusan cansancio de análisis, discursos, solidaridad y buenas intenciones de los gobiernos democráticos, organismos internacionales y líderes políticos, mientras la situación se agrava y la dictadura cierra la jaula de oprobio para permanecer indefinidamente en el poder.

En la situación actual, el Derecho Internacional ofrece más mecanismos para devolver la libertad y la democracia a Venezuela, sin necesidad de llegar al uso de la fuerza para restaurar la paz y seguridad internacionales. A continuación algunas sugerencias de acciones que la democracia mundial tiene respecto a la dictadura de Venezuela:

- Desconocimiento expreso de Nicolás Maduro y su régimen como gobierno de Venezuela, inhabilitándolo para seguir representando y actuando internacionalmente. Se trata de retirar al régimen la representación del sujeto de derecho internacional.

- Retiro de embajadores como lo ha hecho Costa Rica.
- Aplicación de la Convención de Palermo contra Maduro y sus cómplices por "efectos sustanciales en otro estado". La comunidad internacional no puede seguir permitiendo a Maduro cubrir sus delitos con el argumento de ser un gobierno y con el ardid de soberanía. El control Venezuela por un grupo de delincuencia organizada y la comisión diaria de delitos que tienen efecto en todo el mundo, NO ES UN ASUNTO INTERNO es UN ASUNTO DE CRIMEN ORGANIZADO TRANSNACIONAL. Millones de venezolanos convertidos en migrantes forzados en Panamá, Brasil, Colombia, Perú, Chile, Argentina, Estados Unidos, México, Canadá, España… son la prueba, sin contar el narcotráfico y los crímenes de lesa humanidad.
- Cumplimiento de la orden del Tribunal Supremo de Justicia de Venezuela (el legítimo en el exilio) que con plena jurisdicción y competencia determinó el enjuiciamiento e inhabilitación de Nicolás Maduro para ejercer cargos públicos y ordenó a la Guardia nacional Bolivariana que notifique y detenga al dictador, pidiendo a la Interpol que emita alerta roja. Solo el Secretario General de la Organización de Estados Americanos ha reconocido hasta ahora esta orden judicial.
- Suspensión de relaciones económicas. No puede ser que mientras Estados Unidos, Canadá y otros países imponen sanciones contra el régimen dictatorial de Venezuela, otros gobiernos reponen embajadores en clara muestra de soporte por sus intereses económicos en Venezuela y presión de la dictadura.
- Desconocimiento de los actos y contratos de la dictadura. Nada de lo pactado internacionalmente por la dictadura debe

ser reconocido y no será reconocido cuando la democracia se restaure.

• Inhabilitación de la personería del régimen de Nicolás Maduro para actuar a nombre de Venezuela en los organismos internacionales, con retiro de las representaciones que ha acreditado.

• Señalamiento y sanciones a los regímenes no democráticos socios de la dictadura de Venezuela, que en la región son Cuba, Bolivia y Nicaragua por las violaciones contra la paz y seguridad internacionales y actos de intervencionismo.

• Instar la apertura de los procesos planteados contra Nicolás Maduro y sus cómplices ante la Corte Internacional de Justicia de La Haya, como de interés internacional, respetando y cumpliendo con el objeto para el que tal organismo ha sido creado.

• Presión internacional abierta a la dictadura de Cuba que es la que ha organizado, dirige y sostiene el régimen de Maduro.

NO RECONOCIMIENTO INTERNACIONAL AL CRIMEN ORGANIZADO DE VENEZUELA

20 de mayo de 2018

Lo que el dictador Nicolás Maduro y su régimen insisten en presentar como "elecciones", es una cadena de delitos graves para falsear la soberanía popular, sostener el narco estado y garantizarse impunidad. El "grupo delictivo organizado" que detenta el poder, ha cometido y está dispuesto a perpetrar cuanto delito sea necesario para seguir obteniendo los beneficios criminales que han llevado a Venezuela a la crisis humanitaria. Lo de Venezuela no son elecciones, es la suplantación del proceso electoral por acciones de crimen organizado transnacional y la respuesta que corresponde es el NO reconocimiento internacional.

Se trata de un proceso forzado y acomodado a conveniencia del régimen, que busca legitimar la ilegal retención indefinida del poder político que el castrochavismo ejerce por la fuerza en Venezuela. Es la acción que busca ocultar el repudio del ochenta por ciento de la población venezolana a Nicolás Maduro y su régimen de intervención y oprobio, falsificando un apoyo inexistente.

Es un "iter criminis" de una serie interminable de delitos de falsedad material e ideológica, uso de instrumentos falsificados, detenciones ilegales, torturas, asesinatos, masacres, manipulación de procesos judiciales con sentencias infames, suplantación de órganos del poder público como el Tribunal Supremo de Justicia, sometimiento por la fuerza, sobornos, narcotráfico, asalto a los recursos del Estado, robos, extorsiones, falsificación de noticias, atentados contra la vida y el honor de la personas y contra la libertad de prensa, migración forzada de millones de ciudadanos, amenazas para el voto, fraude electoral y muchos más delitos se repiten usando el poder del Estado contra el pueblo venezolano en situación de indefensión.

La política como "quehacer ordenado al bien común" es una actividad de servicio e interés público cuya esencia es que sea lícita, legal, que se realice en el marco de lo permitido según la justicia, la razón y el interés común. En cambio la delincuencia refiere la "acción de perpetrar delitos" y es una consideración absolutamente negativa porque atenta contra el bien común, causa daño e implica violencia. La política y la delincuencia son conceptos antagónicos, opuestos, pues una de las funciones de la política es evitar, impedir la delincuencia.

Nicolás Maduro llegó al poder por la muerte de Hugo Chávez y lo hizo por imposición de la dictadura de Cuba, que con el dictador Castro como jefe, controló a partir de ese hecho el proyecto que llamaron movimiento bolivariano, Alba (Alianza Bolivariana para los pueblos de América), socialismo del siglo XXI, castrochavismo y que ahora es el grupo de delincuencia organizada transnacional que aún tienen los regímenes de Cuba, Venezuela, Nicaragua y Bolivia.

El siglo XXI en América Latina está marcado —hasta ahora— por quienes se presentaron como políticos populistas, socialistas, progresistas, de la nueva izquierda, bolivarianos, antiimperialistas, promotores de Alba, seguidores de Hugo Chávez y Fidel Castro, que retienen el poder en Cuba, Venezuela, Bolivia y Nicaragua, que tomaron el poder en Ecuador con Correa, Brasil con Lula y Rousseff, Argentina con los Kirchner, la OEA con Insulza y gobiernos de países del Petrocaribe. Todos estos dirigentes y sus entornos están hoy marcados por la delincuencia, lo que plantea la cuestión de que si empezaron haciendo política y luego optaron por el crimen y la corruptela, o si el proyecto de expansión castrista con dinero y petróleo venezolanos malversados por Chávez en otra serie de delitos, fue siempre un proyecto antidemocrático y criminal.

Los resultados y la realidad objetiva demuestran hoy que aunque el castrochavismo hubiera empezado con los mas altruistas propósitos políticos para el bien común de los pueblos, lo que ha logrado es corrupción, violencia, delincuencia organizada nunca antes vistos, como el "lava jato" y su muestra Odebrecht que afecta a toda la región, el "caso Nisman" en Argentina, lo que ahora se empieza a destapar en Ecuador, o lo que simplemente aún se encubre en Cuba, Venezuela, Bolivia y Nicaragua cuyos gobernantes usan el poder para mantenerse en la impunidad.

Venezuela es hoy con lo que el régimen llama elecciones, el caso más grave de las acciones de crimen organizado y la repuesta de las democracias del mundo, ajustada a derecho, es el NO RECONOCIMIENTO, o sea, quitar la condición de sujeto de Derecho Internacional. Lo contrario es aceptar que el crimen crea derechos.

EXCARCELACIÓN DE PRESOS POLÍTICOS SIN LIBERTAD

3 de junio de 2018

Luego de los actos criminales perpetrados antes, durante y después del 20 de mayo con la suplantación electoral para mantener indefinidamente la usurpación del poder en Venezuela, Nicolás Maduro manipula con la excarcelación de presos políticos aplicando metodología castrista. Es la arbitrariedad y crueldad de los detentadores del poder que disponen de la libertad y de la vida de la gente, violando a su antojo los derechos humanos. Una maniobra dictatorial con fines políticos, económicos y de propaganda, usa las excarcelaciones sin libertad.

Es muy importante para las víctimas, sus familias y para la sociedad, que los presos políticos salgan de los tenebrosos centros de reclusión del castrochavismo en Venezuela y retornen a sus hogares. Sin embargo, los excarcelados y todos saben que no han recuperado su libertad pues los argumentos, la forma y el propósito de la excarcelación son tan delictivos como fueron sus detenciones, procesamientos y reclusión. El régimen ejerce el poder y al excarcelar presos con una "comisión de la verdad" del poder usurpado muestra que no piensa abandonarlo, solo busca aliviar la presión nacional e internacional que está a punto de derrotarlo.

Las detenciones de los presos políticos —a los que ahora excarcela— fueron actos criminales de violencia extrema desde el poder político, con falsificación de acusaciones, utilización del sistema de justicia como mecanismo de represión y persecución política, aplicación de leyes infames, con esbirros del crimen organizado suplantando las funciones de fiscales y jueces que dictaron órdenes y sentencias infames, y una falsa prensa asesinando la reputación de las víctimas.

Hay que agregar las torturas físicas y psicológicas, incomunicaciones, tratos inhumanos a los presos y sus familiares, las perversas condiciones de detención, la violencia con reos comunes al servicio de la dictadura. Una cadena de delitos comunes y de lesa humanidad violando derechos humanos de miles de venezolanos con efectos en toda la población, porque el propósito final del régimen con la toma y trato cruel de presos políticos es aterrorizar a la ciudadanía, manejando el miedo como instrumento de control social.

Nicolás Maduro y su grupo de delincuencia organizada transnacional ejecutan el modelo de la dictadura castrista de Cuba y lo hacen con intervención cubana. Venezuela con Chávez y Maduro, Bolivia con Evo Morales, Nicaragua con Daniel Ortega y Ecuador con Rafael Correa ejecutaron en el siglo XXI las más crueles violaciones de derechos humanos de sus ciudadanos como repetición de las sufridas por el pueblo cubano desde 1959, cuando con el rótulo de "revolución" la delincuencia armada se apoderó de Cuba.

El régimen castrista siempre ha tenido presos políticos y siempre los ha usado como moneda de cambio y de transacción, con fines de propaganda, para obtener beneficios políticos y económicos. Los Castro han liberado presos políticos por influencia o presión internacional obteniendo siempre ventajas, para a continuación, proceder a rellenar sus cárceles manteniendo el capital suficiente de presos como parte del tráfico humano que con ellos practican. El caso de Armando Valladares, preso por 22 años, declarado "preso de conciencia" y liberado por el castrismo a gestión del Presidente de Francia, es solo uno del tráfico humano del castrismo como parte de su "metodología de control social" con la que se mantiene en el poder.

Lo que pasa hoy en Venezuela es la reproducción de una historia cruel ya conocida. Una dictadura castrochavista, socialismo del siglo XXI, de delincuencia organizada, excarcela presos políticos pero no los libera. Aun estando en sus hogares, aun pudiendo circular por las calles, no hay libertad. Incluso si algunos de los presos políticos excarcelados logran salir al exilio, tampoco es libertad. La libertad es "el derecho de valor superior que asegura la libre determinación de las personas".

No habrá libertad en Venezuela, Cuba, Bolivia, Nicaragua, Ecuador, ni en ningún país con presos políticos mientras no retorne la democracia, aunque los presos sean forzados a dejar las prisiones y se les permita volver a las calles, sin derechos civiles ni políticos. No hay libertad en dictaduras y menos en regímenes de crimen organizado que han sustituido la política por la delincuencia habitual y reincidente. En Venezuela excarcelan presos políticos como artificio para mantenerse en el poder.

CUMPLIR EL FALLO QUE DECLARA VACÍO CONSTITUCIONAL EN VENEZUELA

8 de julio de 2018

Ratificando el "vacío institucional en el Poder Ejecutivo Nacional", el Tribunal Supremo de Justicia de Venezuela (TSJ) ha emitido el 2 de julio de 2018 un fallo disponiendo que "la Asamblea Nacional de la República Bolivariana de Venezuela proceda a llenar el vacío constitucional de la Presidencia de la República hasta que se puedan celebrar elecciones presidenciales". Cumplir el fallo es que la Asamblea Nacional designe un Presidente de Venezuela y que la comunidad internacional acate que Nicolás Maduro y su régimen no representan a Venezuela, que quien se relacione o contrate con Maduro, lo hace a su riesgo celebrando actos nulos de complicidad con la dictadura de crimen organizado.

En la Venezuela dictatorial del "castrochavismo" sobreviven solo dos órganos legales y legítimos que son: la Asamblea Nacional resultante de las elecciones del 6 de diciembre de 2015 que debe ejercer funciones por cinco años desde el 5 de enero de 2016; y el Tribunal Supremo de Justicia, que "imparte justicia en nombre de la República", nombrado y juramentado en Julio de 2017.

La Asamblea Nacional ha sido convertida en una suerte de rehén de la dictadura pues sus miembros y partidos políticos están constreñidos en la jaula de la dictadura, divididos, perseguidos, sometidos a la extorsión y al terror de la metodología castrista. Algunos resisten con valentía y otros ya han sido integrados a la condición de "oposición funcional". Con su delictiva "constituyente" el régimen de Maduro ha desconocido y suplantado a la Asamblea, pero continúa otorgándole valor para manipular el "diálogo.

El Tribunal Supremo de Justicia de Venezuela está compuesto por 33 miembros elegidos por 12 años y que ejercen desde el 21 de julio de 2017. El Art. 254 de la Constitución de Venezuela establece que "el Poder Judicial es independiente y el Tribunal Supremo de Justicia gozará de autonomía funcional, financiera y administrativa". Perseguidos por el dictador Nicolás Maduro, los 33 miembros del Tribunal Supremo de Justicia fueron forzados al exilio desde donde ejercen jurisdicción y competencia plena, con reconocimiento internacional expreso de la Organización de Estados Americanos (OEA), del Parlamento Europeo, de países como Panamá, Chile, Colombia y Estados Unidos (donde residen sus miembros), de los estados del "Grupo de Lima" y de organismos internacionales.

La ilegalidad e ilegitimidad de Nicolás Maduro y su régimen han sido declarados política y jurídicamente por la Asamblea Nacional y por el Tribunal Supremo de Justicia, pero el régimen persiste cometiendo delitos para sostener su poder de facto; han sido detallados en los cuatro informes sobre Venezuela emitidos por el Secretario General de la OEA que han creado la "Doctrina Almagro"; han sido repudiados por el pueblo venezolano en protestas masivas respondidas con crímenes y masacres por el dictador y con el ausentismo a la farsa electoral montada por la dictadura el 20 de mayo pasado. La Resolución de la 48 Asamblea General de la OEA de 5 de junio de 2018 ha confirmado la condición del régimen que es puntualizada con las sanciones de los gobiernos de Canadá, Estados Unidos y la Unión Europea.

En este contexto y en aplicación estricta del "estado de derecho", existe ahora el "mandato legal", el "instrumento jurídico legítimo" para terminar con el régimen dictatorial de Nicolás Maduro. Solo hay que cumplir el fallo de 2 de julio de 2018 emitido por el Tribunal Supremo de Justicia de Venezuela:

- Los gobiernos de las Américas, la OEA, el Parlamento Europeo, el Banco Mundial, el Fondo Monetario Internacional, todos los organismos y entidades internacionales, están en la obligación suspender y declarar inmediatamente "inexistente la representación de Nicolás Maduro y su régimen". Están siendo notificados con el fallo, pues así lo dispone la parte final del mismo.

- La Asamblea Nacional de Venezuela están en la obligación de designar un Presidente de Venezuela o un cuerpo colegiado que cumpla esas funciones para celebrar elecciones presidenciales "libres, justas y basadas en el voto universal y secreto". El Presidente o cuerpo designado por la Asamblea Nacional será inmediatamente reconocido y protegido por los estados de las Américas, por la OEA y la comunidad internacional, reemplazando plenamente la suplantación que hoy ejercen Nicolás Maduro y su régimen.

LA "NO INTERVENCIÓN" NO ES COARTADA PARA JUSTIFICAR "COMPLICIDAD"

15 de julio de 2018

El presidente electo de México Andrés Manuel López Obrador y su nominado canciller Marcelo Ebrard, anunciaron su retorno a la "Doctrina Estrada" para conducir las relaciones exteriores con "una política de no intervención en asuntos exteriores que buscará no entrometerse en conflictos como el venezolano o el nicaragüense". Posición política equivocada y desconocimiento del derecho internacional vigente, en cuyo contexto, la "no intervención" y/o "la autodeterminación" no son coartada de "complicidad con dictaduras de crimen organizado".

La Doctrina Estrada debe su nombre al Secretario de Relaciones Exteriores de México Genaro Estrada y fue publicada el 27 de septiembre de 1930. Expresa que "el Gobierno de México no otorga reconocimiento porque considera que esta práctica es denigrante, ya que a más de herir la soberanía de las otras naciones, coloca a éstas en el caso de que sus asuntos interiores pueden ser calificados en cualquier sentido por otros gobiernos, quienes, de hecho, asumen una actitud de crítica al decidir favorable o desfavorablemente sobre la capacidad legal de regímenes extranjeros. El Gobierno mexicano sólo se limita a mantener o retirar, cuando lo crea procedente, a sus agentes diplomáticos, sin calificar precipitadamente, ni a posteriori, el derecho de las naciones para aceptar, mantener o sustituir a sus gobiernos o autoridades".

La Doctrina Estrada se declara fundada en: la autodeterminación de los pueblos o derecho de libre determinación que es el "derecho de un pueblo a decidir sus propias formas de gobierno, aceptar, mantener y sustituir sus autoridades, estructurarse libremente, sin injerencias externas", es la "la facultad del pueblo de decidir por sí mismo"; y en la no intervención que es "la obligación de los Estados de abstenerse de intervenir, directa o indirectamente, en los asuntos internos de otro Estado con la intención de afectar su voluntad y obtener su subordinación".

El orden jurídico internacional está hoy regido —entre otras— por la Carta de las Naciones Unidas (ONU) en vigor desde el 24 de octubre de 1945 que tiene como propósito "el mantenimiento de la paz y seguridad internacionales"; por la Declaración Universal de los Derechos Humanos adoptada el 10 de diciembre de 1948 con el propósito "esencial que los derechos humanos sean protegidos por un régimen de Derecho, a fin de que el hombre no se vea compelido al supremo recurso de la rebelión contra la tiranía y la opresión"; por la Carta de Bogotá que crea la Organización de Estados Americanos (OEA) 30 de abril de 1048; por la Convención Americana sobre Derechos Humanos (Pacto de San José) 22 de noviembre de 1969; por la Carta Democrática Interamericana (CDI) 11 de septiembre de 2001.

La libre determinación de los pueblos y la no intervención no son principios absolutos como se pretendía en 1930 cuando se publicó la Doctrina Estrada, y se aplican ahora en el marco del cumplimiento de las "obligaciones internacionales" entre las que es preferente el respeto a los derechos humanos como la vida, la libertad, la seguridad, la igualdad ante la ley, no ser sometido a torturas, no ser arbitrariamente detenido, preso ni desterrado, la libertad de expresión y de prensa y mucho más.

La democracia es un derecho humano en las Américas: el Pacto de San José empieza "reconociendo el propósito de consolidar en este continente, dentro del cuadro de instituciones democráticas, un régimen de libertad personal y de justicia social fundado en el respeto de los derechos esenciales del hombre"; el Art. 1 de la CDI establece que "los pueblos de América tienen derecho a la democracia y sus gobiernos la obligación de promoverla y defenderla".

Libre determinación es lo que precisamente NO tienen los pueblos sometidos a dictaduras en Cuba, Venezuela, Nicaragua y Bolivia donde no respetan ninguno de los elementos esenciales de la democracia. Con dictadores que asesinan, masacran, encarcelan, exilian, extorsionan, con el crimen como medio para sostenerse indefinidamente en el poder, detentadores del poder en narcoestados... quiere López Obrador ampararse en la superada y anacrónica Doctrina Estrada respecto a Raúl Castro, Nicolás Maduro, Daniel Ortega, Evo Morales y sus regímenes, convirtiéndose en cómplice y encubridor?

5

BOLIVIA

EL 21 DE FEBRERO BOLIVIA DERROTÓ OTRA VEZ AL DICTADOR MORALES

25 de febrero de 2018

La derrota del referéndum de 21 de febrero es para Evo Morales la pérdida de cualquier atisbo de democracia. Trajo consigo la reacción generalizada de la ciudadanía que de manera sostenida y creciente

En Bolivia, el 21 de febrero de 2016 el régimen hizo un referéndum para aprobar la reelección indefinida de Evo Morales con un SI, en el mismo modelo ya impuesto en Venezuela, Nicaragua y Ecuador. Pero Bolivia dijo NO y ese día pasó a la historia como 21F. Igual que Hugo Chávez en Venezuela después de perder el referéndum en 2007, Evo Morales fraguó una "sentencia infame" y su tribunal constitucional declaró como derecho humano simular y manipular su reelección indefinidamente. El 21 de febrero de 2018, con un contundente paro cívico nacional movilizado BOLIVIA derrotó otra vez al dictador cocalero conminándolo a cumplir el NO del 21F.

La destrucción de la democracia en Bolivia está marcada por el derrocamiento del Presidente Sánchez de Lozada en 17 de octubre de 2003. Luego establecieron "amnistía" para los conspiradores y golpistas que pasaron a ser acusadores, testigos y jueces de los derrocados. En 2004 suplantaron la ley de necesidad de reforma constitucional para falsificar la constitucionalidad de una "asamblea constituyente". Evo Morales juró a la presidencia en enero de 2006 por un solo periodo de cinco años con expresa prohibición constitucional de reelección continua. Convocó a su constituyente y luego de masacres, asesinatos, presos, exiliados y fraude liquidó la República de Bolivia e impuso el Estado Plurinacional el 2009.

En la constitución del Estado Plurinacional impuso la reelección consecutiva por una sola vez y de inmediato Morales convocó a elecciones y el mismo 2009 juró como Jefe del Estado Plurinacional. Así ya en 2009 desparecieron la división e independencia de poderes, Morales tomó control del Poder Legislativo y designó y subordinó los miembros del Poder Judicial y Electoral; despareció el "estado de derecho" con la agenda de las "leyes infames" (que violan los derechos humanos) como la que permite la "retroactividad de la ley" para perseguir dirigentes políticos. Se oficializó la persecución política judicializada.

Evo Morales debió entregar el poder en enero de 2011, pero con la creación castrochavista del estado plurinacional (copia de la República Bolivariana de Venezuela) se reeligió consecutivamente por primera vez el año 2009 con obligación de dejar el poder en enero de 2014. Con el control del poder judicial fraguó una sentencia que le permitió reelegirse por segunda vez consecutiva para un tercer periodo el 2014 con el falaz argumento de que "habiéndose creado el Estado plurinacional en 2009, la elección de ese año era la primera, porque la elección de 2005 en la desparecida República de Bolivia no cuenta".

Con la agenda ya ejecutada en Venezuela, Ecuador y Nicaragua, apenas tomó posesión del tercer periodo presidencial en 2014, Evo Morales planteó la necesidad de ser reelegido indefinidamente y para eso puso en escena el referéndum del 21 de febrero de 2016 que según sus cálculos debió ser una victoria fácil antes de que el pueblo sienta la crisis económica inevitable por su modelo, narcoestado y corrupción.

La derrota del referéndum de 21F es para Evo Morales la pérdida de cualquier atisbo de democracia. Trajo consigo la reacción generalizada de la ciudadanía que de manera sostenida y creciente, más allá de partidos políticos o de figuras de oposición de dudosa independencia con el régimen, ha hecho del cumplimiento del NO del 21F un objetivo nacional planteando la "recuperación de la democracia" y la "restitución de la República de Bolivia".

El pueblo boliviano ha vuelto a derrotar a Evo Morales y su régimen este 21 de Febrero. La derrota ha sido tan contundente que el régimen ha urdido incluso la utilización de noticias falsas sobre la persecución política judicializada contra el presidente Sánchez de Lozada.

Evo Morales está señalado por los bolivianos como dictador y jefe de un gobierno de facto cada vez más ilegitimo con intervención externa de Cuba y Venezuela. Los esfuerzos del régimen se concentran en manipular información, meter miedo a la población, presionar y sobornar dirigentes sectoriales, funcionales y regionales para que desmovilicen a la ciudadanía, y afirmar como "enemigo externo al imperialismo de los Estados Unidos" y como "enemigo interno al neoliberalismo y la derecha".

Por la decisión del pueblo boliviano, Evo Morales y su régimen son solo otra de las dictaduras del castrochavismo que va cayendo.

EL MAR, LA HAYA Y OTRO ENGAÑO DE LA DICTADURA
AL PUEBLO BOLIVIANO

18 de marzo de 2018

Bolivia fue privada de su acceso soberano al mar, de un gran territorio en la costa del Pacífico e ingentes recursos naturales con la guerra de invasión perpetrada por Chile en 1879, afectando al Perú —aliado boliviano— que sufrió la ocupación de Lima por fuerzas chilenas y la pérdida de Arica. La reivindicación marítima boliviana es un derecho indiscutible, es el tema más importante de unidad nacional en Bolivia, pero es también el mejor instrumento de utilización política. Evo Morales y su régimen manipulan el tema del mar en La Haya como otro engaño de su dictadura al pueblo boliviano.

La paz de la "Guerra del Pacífico" se acordó con el Tratado de Paz y Amistad 1904 entre Bolivia y Chile, y con el Tratado de Lima de 1929 entre Perú y Chile cuyo protocolo complementario establece que "Los Gobiernos del Perú y de Chile no podrán, sin previo acuerdo entre ellos, ceder a una tercera potencia la totalidad o parte de los territorios que, en conformidad al Tratado de esta misma fecha, quedan bajo sus respectivas soberanías." Por eso, cualquier solución con acceso soberano al mar para Bolivia es un tema tripartito con Chile y Perú.

Hubo gran número de iniciativas para resolver este asunto. Diálogos bilaterales y multilaterales, iniciativas académicas y políticas, demandas internacionales, declaraciones, buenos oficios de organismos y estados, mediaciones, abrazos de dictadores militares, negociaciones directas, reservadas y secretas. El intelectual y presidente boliviano Walter Guevara planteó la tesis de "Arica trinacional" como solución de zona compartida entre los tres países.

Desde 1978 no existen relaciones diplomáticas entre Chile y Bolivia. La mediterraneidad causa a Bolivia la pérdida anual de por lo menos el 1% del Producto interno Bruto (PIB), de manera que en 139 años el país está reducido a menos de la mitad de lo que sería con sus puertos sobre el Pacífico.

Como acción política de propaganda, con altos gastos, asesores internacionales, gran planilla nacional y montado en la influencia del socialismo del Siglo XXI, Evo Morales y su régimen decidieron la utilización castrochavista de la reivindicación marítima de Bolivia para sostener su deteriorada imagen, tapar la crisis y distraer al pueblo. Manipulando "el tema respecto al que ningún boliviano puede estar en contra" demandaron en La Haya pidiendo que la Corte Internacional de Justicia "determine la obligación de negociar" de Chile con Bolivia.

La causa marítima boliviana ha sido reducida a instrumento político del régimen de Evo Morales, que la usa como otro balón de oxígeno para la dictadura en el modelo de Maduro en Venezuela. La realidad objetiva así lo demuestra:

1. NO se ha demandado la reivindicación marítima de Bolivia. NO se trata el tema de fondo. Solo piden que se "determine la obligación de negociar" de Chile con Bolivia, para lo que nunca se ha necesitado una millonaria demanda.

2. El objetivo de la demanda es bilateral —de Bolivia a Chile— sobre un tema trilateral. Cualquier solución o demanda debe incluir al Perú por el Tratado de Lima de 1929.

3. ¿Si La Haya favorece la demanda de Morales y Chile no accede a negociar? ¡NO pasa nada!

4. ¿Si la Haya favorece la demanda de Morales y Chile negocia sin resultados? ¡NO pasa nada! Negociar no quiere decir tener un acuerdo, y menos tener mar.

5. Evo Morales con su narcoestado inunda de cocaína a Chile, Argentina, Brasil y otros países. La posición de Chile sobre este asunto es más que clara. ¿Renunciará Morales a su relación de crimen organizado transnacional con Venezuela, Cuba y Nicaragua en esta materia, con carácter previo o en una negociación?

6. El régimen manipula este show para desmovilizar el repudio del pueblo boliviano a la perpetuación dictatorial de Evo Morales, desconocer el referéndum del 21F que dijo NO más Evo, tapar su corrupción y simular —con una peregrinación a La Haya— unidad con políticos complacientes, engañados o reclutados, que sabiendo todo esto y mucho más, se han convertido en el coro del dictador.

7. Evo Morales ha expresado su confianza en la influencia sobre los jueces de La Haya por parte de sus aliados de Cuba, Venezuela, Nicaragua, Ecuador y los países del Petrocaribe, el apoyo de Rusia, China, Irán y gobiernos "antiimperialistas" o "pro terroristas" para lograr la "orden de diálogo o negociación" y presentarla como "una victoria histórica". Estrategia dictatorial pura y dura.

LAS FAKE NEWS DE EVO

Hace pocas fechas el gobierno de Evo Morales echó las campanas al viento para declarar que el expresidente Sánchez de Lozada y su exministro Sánchez Berzaín habían sido declarados culpables de ejecuciones extrajudiciales. Era *fake news*. El jurado, pese a la confusión, había declarado lo contrario. Los abogados de los dos prominentes bolivianos explican lo que sucedió y probablemente lo que sucederá a principios de mayo cuando el juez dicte la sentencia definitiva.

Declaración a nombre del ex Presidente Gonzalo Sánchez de Lozada y del ex Ministro de Defensa Carlos Sánchez Berzaín

Washington, abril 6 de 2018

El veredicto que el jurado ha emitido el 3 de abril no es la decisión final del tribunal. El caso continúa y la Corte específicamente ya había advertido a los demandantes y a sus abogados que no proclamen victoria en base al veredicto del jurado debido a que el mismo no es la decisión final. (Transcripción del Juicio p. 41, líneas 4 a 12, 28 de Marzo de 2018).

Consistente con sus declaraciones de 28 de marzo, la Corte no emitió sentencia final en nuestro caso. En lugar de ello, la Corte solicitó a las partes presentar por escrito argumentos suplementarios a fin de considerar nuestra moción de descartar la demanda o anular el caso en aplicación de la Regla 50 de las normas federales de Procedimiento Civil. La Regla 50 es una norma bien establecida en la justicia americana que permite a un juez anular un caso cuando la evidencia es insuficiente para poder sustentar una decisión razonable del jurado en favor de los demandantes.

Nosotros ya hemos expresado nuestro desacuerdo con el veredicto porque creemos que la evidencia presentada es insuficiente para sostener el veredicto que emitió el jurado:

1. Los abogados de los demandantes ya admitieron que no existieron órdenes de nuestros defendidos para disparar y matar civiles desarmados.

2. No existen evidencias de que hubiera habido un plan de nuestros defendidos para utilizar fuerza letal contra la población civil.

3. El veredicto del jurado es inconsistente porque ellos mismos encontraron que las muertes no fueron causadas de forma "deliberada o intencionalmente" por un soldado boliviano (Formulario del Veredicto, Pregunta 8).

Confiamos en el proceso y creemos que el veredicto del jurado será dejado sin efecto cuando la ley sea correctamente aplicada.

Stephen D. Raber
Ana C. Reyes
Williams & Connolly LLP

EN EL 9 DE ABRIL DE 2018 A LOS 66 AÑOS DE LA REVOLUCIÓN NACIONAL

9 de abril, 2019

Vale la pena recordar que el MNR es el *constructor de la nación boliviana* y que tenemos una gran responsabilidad con el presente y futuro de Bolivia.

Antes de la revolución nacional, Bolivia era un país con una población 70% rural, campesina, indígena, excluida y analfabeta. El MNR estableció y ejecutó el "voto universal", dando lugar a la democracia con la incorporación de toda la población indígena, campesina, mujeres y sectores excluidos; la "reforma agraria" bajo el concepto de que la tierra es para quien la trabaja, convirtiendo a los campesinos e indígenas en propietarios; la "nacionalización de las minas" para establecer independencia económica; la "reforma educativa" para la formación del boliviano en una escuela única y obligatoria; la diversificación económica para incorporar el Oriente (hoy la primera zona en importancia económica) a la economía nacional.

Así, con libertad, democracia, derecho propietario, educación obligatoria, luchando por la independencia económica y con la participación de todos los sectores del país, se empezó a construir la nación boliviana. Las mujeres, el campesino, el indígena, el siervo rural, el ciudadano, el obrero, el profesional, todos los nacidos en el territorio nacional, se convirtieron en bolivianos iguales en un

Estado de derecho, reconociendo un mismo origen en el mestizaje, con unidad en la diversidad. La "alianza de clases" es la doctrina con que el MNR combatió la "lucha de clases" planteada por el marxismo.

Con el MNR derrocado en 1964, el proceso de la revolución nacional fue deformado, demorado, se cambiaron denominaciones y actores, pero nunca fue interrumpido. Cuando Paz Estensoro volvió a la presidencia en 1985, puso en marcha una segunda etapa de la revolución con la "terminando la hiperinflación", con la "nueva política económica", la "lucha contra el narcotráfico" y otras medidas precedidas de su histórico concepto "la Patria se nos muere".

El año 1993, con la presidencia de Gonzalo Sánchez de Lozada, en la tercera etapa de la revolución nacional, el NMR estableció y ejecutó el "bonosol", una pensión vitalicia para todos los bolivianos mayores de 65 años con recursos de la "capitalización social"; la "participación popular" que organizó al país en 329 municipios, asignó el 20% del presupuesto de la nación que, dividido por el número de habitantes del país, da un factor que multiplicado por el número de habitantes de cada municipio les abona fondos directamente, permitiendo más participación democrática, obras y servicios; el "seguro universal materno infantil"; la segunda "reforma educativa"; la "reforma constitucional" con voto a los 18 años, circunscripciones uninominales, descentralización administrativa, etc. El fortalecimiento del proceso fue interrumpido con el derrocamiento del año 2003.

Todas la medidas de la revolución nacional están vivas, les han cambiado nombres, las han debilitado, pero no las han podido liquidar. La traición al proceso de liberación nacional en Bolivia ha sido dado por la acción política de Evo Morales, aplicando la ideología del eje La Habana-Caracas. Han liquidado la "República de Bolivia", sustituyéndola por el "Estado plurinacional"; reemplazado la alianza de clases por la lucha de clases y por cuanta confrontación pueden alentar y propiciar; pretendiendo destrozar la consolidación de la "nación boliviana" con "36 nacionalidades"; terminando con la democracia y estableciendo un Gobierno más de las dictaduras del socialismo del siglo XXI.

Evo Morales busca liquidar la revolución nacional boliviana para sustituirla por los fracasados postulados de la revolución castrista. La revolución nacional boliviana es patrimonio del pueblo boliviano, ofrece extraordinarios resultados frente al castrismo. Los desafíos de hoy en Bolivia son el retorno a la democracia y al proceso de consolidación de la "nación boliviana", única, mestiza, diversa pero unida, con una alianza nacional para restituir el Estado de derecho en una patria sin perseguidos, exiliados ni presos políticos.

PRUEBAS RESPECTO A EVO MORALES Y EL NARCOTRÁFICO COMO SU BASE DE PODER POLÍTICO (BOLIVIA CON EVO ES UNA AMENAZA PARA EL MUNDO)

14 de abril 2018

A continuación algunas pruebas respecto a la noticia registrada en El Deber sobre parte del contenido de mi conferencia en el Congreso de los Estados Unidos en el Foro "Threats to the U.S. in the Western Hemisphere". Se trata de prueba de conocimiento público y de "hechos notorios":

¿Nos hemos olvidado que Evo Morales es el dirigente de los cocaleros ilegales de Bolivia? ¿Que compró el partido MAS (una facción de Falange Socialista Boliviana) para tener "instrumento político cocalero"? ¿Que su medio de lucha es la violencia con sus cocaleros que han producido decenas de masacres y hechos violentos como Sacaba 2001, Cochabamba 2007...?

1. Sostengo que el año 2003 cuando derrocaron al Presidente Sánchez de Lozada, la extensión de cultivos de coca ilegal en Bolivia era de 3.000 hectáreas y la de cultivos legales de 12.000 hectáreas, la prueba se encuentra en los informes de la ONU y de EEUU de 2004-05, de acceso público y registrados por la prensa boliviana.

2. Afirmo que ahora los cultivos de coca ilegal en Bolivia son de aproximadamente 50.000 hectáreas de coca ilegal y que Evo Morales amplió indebida e injustificadamente los cultivos de

coca llamada legal a 22.000 hectáreas mediante ley por el control de todo el poder que tiene en Bolivia. La prueba está en los informes de la ONU sobre el crecimiento de los cultivos de coca ilegal, en el informe por el cual "Estados Unidos descertifica a Bolivia en la lucha contra el narcotráfico" ubicando al país entre los "de mayor producción y/o tráfico" (El Deber el 15 de septiembre de 2017), y en la ley de la coca promulgada por Evo Morales en marzo de 2017.

3. Reitero que Evo Morales sostiene su poder político en base a los sindicatos cocaleros del trópico de Cochabamba que son su fuerza política y que esos cocaleros además de coca ilegal producen pasta base de cocaína. El informe de la ONUDD revela que el 93,5% de la coca del Chapare no va al mercado legal. La prensa y los informes de los EEUU muestran que la producción de cocaína en esa zona ha proliferado, la DEA ha sido expulsada de Bolivia por Morales que ha desconocido todo acuerdo de cooperación en la lucha contra el narcotráfico poniendo cocaleros como funcionarios de su estado para hacer cumplir la ley, que no se cumple. Los sindicatos cocaleros respaldan violenta y constantemente al régimen y producen crímenes como la masacre de Cochabamba de enero de 2007 en la que mataron al joven Christian Urresti. Los mismos cocaleros de los sindicatos de Evo Morales son parlamentarios y funcionarios públicos, Evo Morales ha construido un aeropuerto tan grande como innecesario en Chimoré.

4. Afirmo que el senador Roger Pinto fue perseguido y forzado al exilio por Evo Morales y su régimen por denunciar tráfico de cocaína en aviones militares de Chimoré a Venezuela, y ahora está muerto por sospechoso accidente. El escritor Leonardo Coutinho acaba de presentar su libro "Hugo Chávez o espectro" en el que demuestra el tráfico de drogas gubernamental entre la

Bolivia de Evo Morales y la Venezuela chavista. René Sanabria el jefe antinarcóticos de Evo Morales, detenido cuando ejercía esas funciones cumple condena federal en los Estados Unidos por tráfico de 144 kilos de cocaína.

De esto y más hay mucha prueba, por eso Univisión ya el año 2011 calificó a Bolivia gobernada por Evo Morales como un NARCOESTADO; hasta hay un videojuego francés de la empresa Ubisoft de Bolivia como narcoestado...

Lo afirmado en mi conferencia en el Congreso de EEUU es un brevísimo resumen de la verdad que el mundo observa. ES SOLO LA REALIDAD OBJETIVA que Evo Morales no puede tapar con las violaciones a la libertad de prensa que ha implementado en Bolivia.

GONI Y SÁNCHEZ BERZAÍN GANAN JUICIO EN USA: JUSTICIA PARA LA DEMOCRACIA EN BOLIVIA

Washington, 30 de mayo de 2018

Con la decisión del juez concluye el juicio sobre los difíciles y lamentables eventos de septiembre y octubre de 2003 que interrumpieron la democracia en Bolivia. El dictamen final del juez comprobó que Presidente Gonzalo Sánchez de Lozada, Ministro Carlos Sánchez Berzaín, y su gobierno actuaron de acuerdo con la ley y que nunca tuvieron intención de causar daño a nadie. Para todos quienes les acompañaron desde el gabinete y el gobierno, este veredicto confirma lo que siempre estuvo en su conciencia.

El juez llegó a su decisión después del estricto análisis técnico y jurídico de la ley y de los hechos revisando toda la evidencia presentada y se convenció de que el gobierno de Presidente Sánchez de Lozada y Ministro Sánchez Berzaín defendió la ley y la vida de ciudadanos inocentes. La decisión del juez demuestra que no hubo absolutamente ninguna evidencia que indique la existencia de un plan u orden de utilizar la fuerza letal contra civiles. La evidencia demostró que su gobierno enfrentó la conmoción social en medio de una grave crisis económica, siempre buscando el dialogo y la resolución pacífica de los conflictos, mientras que muchos buscaban destruir la democracia.

Sin embargo, seguimos lamentando el dolor y la tragedia que los hechos violentos del año 2003 generaron para decenas de familias de ciudadanos bolivianos. Compartimos la esperanza de que un día no lejano se sepa y acepte toda la verdad. Creemos que este momento nos ofrece una oportunidad para reflexionar sobre lo sucedido, de orar por los que fueron afectados por la violencia, y comprometernos a que esta tragedia nunca más se repita.

Durante este proceso judicial se tomaron en cuenta las reformas económicas, políticas y sociales realizadas durante los dos gestiones de gobierno constitucionales y democráticos de Presidente Sánchez de Lozada y Ministro Sánchez Berzaín, en apoyo y en defensa de las poblaciones más vulnerables, de los indígenas, las mujeres, los niños y los ancianos, en línea con la tradición histórica de su partido y en sintonía con su trayectoria personal y familiar de servicio a Bolivia.

Esperamos que los resultados de este juicio no solamente recuerden a todos la importancia de la justicia para la democracia, sino que nos permitan recuperar la confianza en las instituciones democráticas. Bolivia necesita y merece retomar el camino de la libertad y la democracia.

Stephen D. Raber
Ana C. Reyes
Williams & Connolly LLP

BOLIVIA, LA PATRIA ESTÁ CAUTIVA: NO HAY ELECCIONES EN DICTADURA

1 de julio de 2018

En las Américas se libra hoy la desigual lucha de los pueblos de Venezuela, Nicaragua y Bolivia para salir de las dictaduras creadas y controladas a partir del modelo castrista de Cuba, cuyo pueblo nunca ha dejado de luchar contra la tiranía desde hace casi sesenta años.

La lucha del pueblo venezolano es la más notable y notoria por la importancia del país que con su dinero y petróleo pagó la recreación de la locura castrista, y por la magnitud de la crisis humanitaria a la que el dictador Maduro lo ha llevado. La lucha nicaragüense casi ignorada en los últimos años, es hoy crisis por la decidida presencia del pueblo en las calles frente la brutal represión y crímenes que cometen los dictadores Ortega/Murillo.

La dictadura de Bolivia usa la estrategia de tratar de pasar desapercibida y continuar simulando una democracia y éxitos económicos que no existen, como lo hacían Venezuela y Nicaragua hasta que explotaron sus crisis. El dictador Evo Morales fuerza y engaña a los bolivianos con un proceso electoral que es solo una cadena de delitos para perpetuarse en el poder. En este contexto y sobre la experiencia de los pueblos de Cuba, Venezuela y Nicaragua, dirijo a mis compatriotas el mensaje siguiente:

"Bolivia es hoy una dictadura. La observación de la realidad objetiva así lo demuestra. No hay división e independencia de poderes porque el dictador Evo Morales controla todo el poder del estado, no hay vigencia del estado de derecho porque el dictador se ha convertido en la ley, hay persecución política, no hay libertad de prensa. Hay perseguidos políticos, presos políticos y exiliados políticos. NO existe la posibilidad de elecciones libres, limpias y basadas en el voto universal, por el control desde la identificación personal, el sistema electoral, hasta las autoridades electorales que el régimen ejerce, y no hay posibilidad de libre asociación política".

Mediante referéndum, Bolivia le mandó a Evo Morales el 21 de febrero de 2016 que no vuelva a postularse en elecciones, que se vaya del poder, y para desobedecer ese mandato popular, poniéndose por encima de la ley y por encima de la voluntad popular, el dictador siguió la agenda del "castrochavismo" de la que forma parte, repitiendo lo que hizo Hugo Chávez en Venezuela el 2008, lo que hicieron los Ortega en Nicaragua y lo que acaba de hacer en Venezuela el dictador Nicolás Maduro. Con su tribunal constitucional y con esos jueces infames, Morales estableció una sentencia que dice que lo habilita para las elecciones de 2019 y que simplemente muestra y prueba un crimen más de los tantos que Evo Morales ha cometido contra la Patria, contra los bolivianos y contra la libertad en nuestro país.

"El dictador Evo Morales controla todo el poder del estado"

Por eso Bolivia tiene hoy día un solo objetivo que es recuperar la Patria. Esto significa recuperar la democracia y recuperar la República. Recuperar las condiciones de democracia para que haya elecciones libres.

Por esto, desde el exilio me permito hacer tres propuestas al pueblo boliviano:

La primera, debemos señalar al dictador como lo que es. Señalarlo por su corrupción, por la crisis económica a la que está llevando a Bolivia en el camino de Cuba y Venezuela. Por los atropellos, abusos y excesos que comete, que son crímenes, porque la dictadura de Bolivia es una más de las "dictaduras de crimen organizado transnacional" agrupadas en torno a Venezuela y Cuba. Y, por el narcotráfico que hace que hoy día se señale a Bolivia como un "narco estado" en el ámbito internacional.

Lo segundo que propongo es un proyecto de unidad nacional, que no tiene nada que ver con la ideología, con los partidos políticos, con las ambiciones personales, regionales o sectoriales. Se trata de hacer lo que se hizo en la década de los setenta para recuperar la democracia, primero recuperar la democracia y después disputar el poder. Formar una alianza por la democracia que permita a la mayoría de los bolivianos estar contra la dictadura y derrotarla.

En tercer lugar, tener conciencia de que no hay elecciones en dictadura y que quien haga el juego a las elecciones de Evo Morales para el 2019, lo único que está haciendo es prestarse al juego de la dictadura, y que cuando caiga la dictadura esa "oposición funcional" caerá con la dictadura.

El mensaje es muy claro, no hay elecciones en dictadura y los bolivianos tenemos que unirnos para recuperar la Patria que está cautiva".

DESPUÉS DE LA DICTADURA: BOLIVIA, REPÚBLICA PARLAMENTARIA FEDERAL

12 de agosto de 2018

Al cumplir 193 años de la declaración de independencia de Bolivia, los bolivianos saben que el país está sometido a dictadura y se movilizan para recuperar la democracia, exigen se cumpla el referéndum de 21 de Febrero de 2016 que dijo NO al afán de Evo Morales de perpetuarse en el poder. La dictadura ha promovido la división nacional, ha liquidado la República, exacerba el presidencialismo y usa el centralismo como medio de opresión y chantaje. En la derrota a la dictadura es necesario recuperar y unir la nación boliviana, construir democracia y organizar institucionalidad con una nueva forma de organización del Estado y un sistema de gobierno diferente. Es tiempo de organizar políticamente la sociedad de acuerdo a la realidad que señala a Bolivia como "República Parlamentaria Federal".

El caudillismo, el autoritarismo, el clientelismo político, el mesianismo y el relativismo en el cumplimiento de la ley, son condiciones culturales bolivianas y latinoamericanas que conducen a la inestabilidad política y sirven de justificación a la aparente solución con un mal mayor que son las dictaduras. La historia de Bolivia es un ejemplo nítido de estas características que hacen de la política la más necesaria y al propio tiempo la más indeseable de las actividades.

La dictadura de Evo Morales en Bolivia es un modelo delictivo de intervención transnacional cubano-venezolano que ha instalado en el país mecanismos y nomenclaturas con las que el llamado socialismo del siglo XXI o castrochavismo ha buscado controlar la región. Han creado en Venezuela y en Bolivia nuevos estados y han acomodado otros como Nicaragua y Ecuador, para el control total e indefinido del poder, con leyes infames, represión política judicializada, control de prensa, oposición domesticada, enriquecimiento ilícito, narcotráfico y la liquidación de la independencia nacional con discurso antiimperialista.

Igual que en Cuba, Venezuela y Nicaragua la fuerza es el sostén del dictador Morales en Bolivia. Con una cadena de delitos, ha suplantado la República por un Estado Plurinacional con el abierto objetivo de destruir la "nación boliviana". Con el propósito de destruir la identidad nacional ha modificado los símbolos patrios, ha cambiado el contenido de la educación, ha suplantado los valores y principios de la República, ha desconocido a los héroes de la Patria, ha revitalizado y multiplicado la lucha de clases, de sectores, regiones y culturas. Está en proceso de cambiar la doctrina de las Fuerzas Armadas de Nación para convertirlas en fuerzas del régimen dictatorial como en Cuba, Venezuela y Nicaragua.

La corrupción supera la imaginación, la impunidad esta institucionalizada y el país es señalado como narcoestado. Morales que empezó con apariencia de presidente populista es el dueño de vidas y haciendas, respaldado por una rosca de millonarios que ha creado con la corrupción, el narcotráfico y sus complicidades. Controla todos los órganos del poder público y el país es su feudo que va entregando a su arbitrio a poderes extranjeros. Para tomar el poder e imponer el régimen, el dictador castrochavista de Bolivia ha cometido más de 20 masacres sangrientas que encubre achacando sus crímenes a las víctimas. Morales detenta el poder por casi 13 años y pretende ejercerlo indefinidamente.

En Bolivia no hay Estado, no existen instituciones, no hay derecho ni justicia, no existen los frenos y contrapesos del sistema presidencialista. Para recuperar la democracia hay que entender que se trata de la libertad de los bolivianos y de la independencia de la Patria. Es necesario discutir bases que construyan la Bolivia de la post dictadura castrochavista como una "República parlamentaria federal".

República es la "forma de organización del Estado cuya máxima autoridad es elegida por los ciudadanos para un periodo determinado". Es lo opuesto a los gobiernos injustos como el despotismo, la tiranía, la dictadura. Es "la forma de gobierno regida por el interés común, la justicia y la igualdad". La "República está fundamentada en el imperio de la ley y no en el imperio de los hombres". En el concepto de República están los elementos de la democracia como división en independencia del poder público y estado de derecho. Bolivia no es República desde el 7 de febrero de 2009.

La democracia parlamentaria es el "sistema de gobierno" en el que "la elección del gobierno o poder ejecutivo emana del parlamento o poder legislativo" que es elegido por los ciudadanos. Tiene como ventajas la "mayor representación del conjunto social" porque permite más pluralismo, "mayor capacidad de respuesta frente a las crisis de gobierno" por el voto de censura, "mayor estabilidad con respaldo político real", y ofrece "mayor consenso en las decisiones". El sistema municipal de Bolivia es parlamentarista desde la Participación Popular y funciona con éxito por más de 24 años.

Una República Parlamentaria es el estado organizado como república con el sistema de gobierno parlamentarista. Separa la función de "Jefe de Estado" de la del "Jefe de Gobierno" que cumple las tareas ejecutivas.

Federalismo es el "sistema político que consiste en promover desde el Estado Central la autonomía de las regiones, departamentos o estados, que en conjunto forman una Nación". Un "Estado Federal" es "una sola unidad compuesta por varias unidades descentralizadas;

con poderes ejecutivos, legislativos y judiciales de la Federación y de las unidades; las unidades no pueden abandonar la Federación; hay dos ordenamientos jurídicos subordinados y hay competencias exclusivas, compartidas y concurrentes de la Federación y las unidades concurrentes". Las funciones de relaciones internacionales, educación y defensa nacional deben ser Federales.

LA AMNISTÍA COMO ARMA DE LA DICTADURA SE APLICA EN BOLIVIA

30 de septiembre de 2018

La inexistencia de un estado de derecho y de la división e independencia de poderes en Cuba, Venezuela, Bolivia, Nicaragua y Ecuador, con Correa, es el ámbito para la manipulación total del sistema de justicia, que los dictadores convierten en su instrumento de represión política, sometiendo a las víctimas a persecución, cárcel y exilio. El castrochavismo en el siglo XXI tiene como parte central de su metodología de control social las falacias con apariencia de juicio contra inocentes, con el propósito de anularlos o someterlos. Cerrando este círculo de oprobio, las dictaduras usan la "amnistía" como arma para continuar la manipulación de la voluntad individual y popular, como sucede ahora en Bolivia.

Amnistía es el "perdón de cierto tipo de delitos que extingue la responsabilidad de sus autores". Se trata de "la eliminación de la responsabilidad penal de un delito". La etimología y el concepto provienen del griego "amnestia/olvido, perdón", "sin memoria" para determinar el "olvido mutuo y general de las cosas pasadas", y tiene como característica ser "una norma general que extingue el delito" a diferencia del indulto que perdona solo el cumplimiento de la pena. Con el indulto, la persona sigue siendo culpable pero no cumple la pen; en cambio, con la amnistía, deja de tener responsabilidad penal. Sin embargo, la amnistía confirma la existencia del delito y legitima la acusación porque si no existe delito no habría nada que perdonar.

En Cuba, Venezuela, Nicaragua, Bolivia y Ecuador, con Correa, se instituyó la práctica de que el dictador o sus operadores acusen a ciudadanos de delitos cometidos por el propio acusador o bajo sus órdenes, o presenten acusaciones por delitos inexistentes o por la aplicación retroactiva de nuevas leyes o procedimientos de la dictadura, que en el pasado no existían.

En innumerables casos, por medio de discursos públicos registrados en medios de comunicación, los Castro, Chávez, Maduro, Correa, Ortega y Morales han hecho acusaciones contra líderes políticos, cívicos, sindicales, empresarios, periodistas y religiosos, ordenando su procesamiento, detención, la incautación de sus bienes y prácticamente dictando sentencias que a posteriori cumplieron los "jueces infames" del régimen con la judicialización de la persecución ordenada.

Los presos políticos, los perseguidos y los exiliados políticos de Cuba, Venezuela, Nicaragua, Bolivia y aún Ecuador, son resultado de procesos judiciales con acusaciones manipuladas, sin debido proceso legal, sin presunción de inocencia, sin igualdad jurídica de las partes, sin jueces imparciales, sin igualdad probatoria, sin ninguna garantía que permita llamar "proceso judicial". NULOS DE PLENO DERECHO.

Son macabras puestas en escena del "asesinato de la reputación" que hacen las dictaduras de crimen organizado contra potenciales candidatos, líderes y defensores de la libertad y la democracia, con publicidad controlada y prensa sometida. Ejemplos de estos sainetes son los casos contra Armando Valladares, en Cuba; Leopoldo López, en Venezuela; Sánchez de Lozada o el Hotel las Américas o la Masacre de El Porvenir, en Bolivia; los procesos por el 30 de septiembre (30S) en Ecuador y los actuales juicios contra opositores y manifestantes por defender la libertad en Nicaragua.

En este contexto, en Bolivia, con más de 1.200 exiliados políticos, cerca de 100 presos políticos y miles de perseguidos judicializados,

Evo Morales anunció que otorga amnistía por los juicios en los que él mismo acusó de corrupción a Carlos Mesa y Jorge Quiroga, con el argumento de la reivindicación marítima. Morales está manipulado la reivindicación marítima con su demanda en La Haya para desconocer la decisión del pueblo boliviano del 21 de febrero de 2016 (21F) que impide su reelección y la amnistía es una maniobra adicional en ese contexto.

La historia presenta a Morales, Mesa y Quiroga muy cercanos: 1.- Mesa otorgó amnistía a los conspiradores y autores de los crímenes del derrocamiento del 2003, Morales se ampara en ella hasta ahora y Quiroga celebró públicamente esta ruptura de la democracia; 2.- los tres realizaron y aprobaron la falsificación de la reforma constitucional del 2004 introduciendo la reforma total con figura de asamblea constituyente con ley 2631, suplantado el texto de la ley de necesidad; 3.- liquidaron la República de Bolivia con la redacción de la constitución del estado plurinacional en comisión para lo que aprobaron la ley 3941, cuya sola lectura prueba delitos de "traición a la Patria" y otros; 4.- en la Constitución del estado plurinacional introdujeron la reelección consecutiva expresamente prohibida por la Constitución de la República, que es la que ha permitido la perpetuación de Morales; 5.- Morales, Quiroga y Mesa presentaron la Constitución del estado plurinacional como "de unidad nacional" y la promocionaron en el referéndum de 2009 que el régimen ganó con fraude mientras los pueblos, dirigentes cívicos, políticos y gobernadores de 6 de los 9 departamentos eran masacrados (Hotel las Américas, Porvenir, Cochabamba, La Calancha y más), perseguidos, encarcelados y exiliados.

Lo que corresponde y lo que los injustamente acusados, presos, perseguidos y exiliados merecen, no es amnistía sino justicia. Esto solo será posible con la reposición de la democracia con sus elementos esenciales, estado de derecho, división de poderes, respeto a los Derechos Humanos y libertad de prensa. El uso de la amnistía en Bolivia es otra arma de las dictaduras en plena aplicación. Quien acepta amnistía por delitos que nunca cometió está legalizando las infames acusaciones que el régimen le hizo.

EL "GOLPE DE ESTADO" QUE LOS GOLPISTAS LLAMAN "GUERRA DEL GAS"

17 de octubre de 2018

Bolivia cumplía 21 años de su retorno a la democracia en octubre de 2003 con una situación de violencia política extrema en torno a la ciudad de La Paz, que llevaría al triunfo a una conspiración que derrocó al Presidente Constitucional Gonzalo Sánchez de Lozada bajo la figura de "renuncia forzada". En febrero de ese año ya habían intentado asesinar al Presidente en otra acción golpista de trágicas consecuencias, y en agosto el líder de la conspiración Evo Morales había roto el dialogo propiciado por la Iglesia Católica avisando la lucha final. Este proceso de conspiración, violencia y golpe de estado fue proclamado por los golpistas con el sofisma de "la guerra del gas".

En Bolivia, las crisis políticas cambiaron con el siglo XXI. Se volvieron más violentas, la conflictividad aumentó, tenía más sostenimiento y recursos, movilizaciones más largas y agresivas, retornó el discurso antiimperialista y anticapitalista, se buscaba la confrontación regional, se introdujo la confrontación racial, se multiplicaron las causas de descontento, los principales sectores de movilización violenta eran los cultivadores de coca ilegal-narcotráfico y grupos proclamados indigenistas del altiplano con influencia guerrillera del Perú. Era la cartilla del Foro de San Pablo.

Había sucedido un cambio transcendental: el régimen castrista de Cuba (la única dictadura de las Américas que hasta 1999 agonizaba en su "periodo especial" luego de extinguida la URSS) había recibido recursos con la llegada de Chávez al poder en Venezuela y había reactivado su aparato de intervención recreando el fallido plan de los 60 de expandirse en la región. La subversión castrista, antes guerrillera, se había puesto nuevamente en acción y terminaría liderando el movimiento bolivariano o Alba o socialismo del siglo XXI, las "dictaduras del castrochavismo".

El año 2000 produjeron la "guerra del agua" y el "bloqueo del altiplano" contra el gobierno del Presidente Banzer. En octubre de 2001 Evo Morales, como dirigente de los cultivadores de coca ilegal, hizo la "masacre de Sacaba" durante el gobierno de Jorge Quiroga (que asumió el poder por un año por muerte de Banzer). La masacre de Sacaba fue el ataque criminal de Evo Morales contra soldados desarmados, que cuando los heridos eran auxiliados los cocaleros atacaron las ambulancias y los mataron; por estos crímenes Evo Morales que era diputado fue enjuiciado por Quiroga y separado de la Cámara de diputados a pedido del Jefe de la oposición Sánchez Berzaín, pero un pacto con el Ministro de Gobierno Leopoldo Fernández —hoy preso político— impidió que Morales vaya a la cárcel por 30 años.

Los atentados terroristas del 11 de septiembre de 2001 en Estados Unidos modificaron dramáticamente la situación regional y mundial, pues EEUU volcó todo su interés, recursos y medios a las guerras en Irak y Afganistán dejando de lado los compromisos que había asumido y promovido con América Latina en materia defensa de la democracia, lucha contra el narcotráfico y cooperación económica para el desarrollo. En este contexto el golpe de estado de octubre de 2003 no fue el primero contra Sánchez de Lozada ni contra la democracia boliviana y tampoco en la región donde un presidente fue derrocado en Argentina y dos en Ecuador.

En enero de 2003 Evo Morales organizó bloqueos en la zona cocalera para paralizar el gobierno y perjudicar al pueblo, firmó acuerdos cuando fue derrotado y de inmediato volvió a conspirar. El intento de asesinato del Presidente en Febrero de 2003 —investigado por la OEA— permitió debilitar al gobierno mientras la conspiración crecía hasta que empezaron nuevos hechos de violencia y fuerza con el secuestro masivo de más de 1.000 turistas nacionales y extranjeros producido en Sorata y la subsecuente emboscada armada a los turistas y a las fuerzas policiales y militares que los custodiaban de retorno a La Paz.

Civiles, miembros de la Policía y de las Fuerzas Armadas fueron atacados con armas de fuego, francotiradores y dinamita, la ciudad de la Paz fue sitiada, las carreteras interrumpidas; el gobierno constitucional aplicó la ley para cumplir su obligación de proteger al pueblo, los servicios públicos, las instalaciones estratégicas y la propiedad privada, y apareció el nombre de "la guerra del gas" como coartada, acusando a Sánchez de Lozada y su gobierno de querer "vender gas a Chile" y "exportar gas a los Estados Unidos por Chile". Con participación de subversivos peruanos, de las FARC, operadores castristas y subversivos locales los golpistas, aplicaron la doctrina de "guerra revolucionaria" que instruye "promover muertes para acusar de las mismas al gobierno".

Quebrada la democracia establecieron la denominada "agenda de octubre" fijando como objetivos la "asamblea constituyente", "nacionalización de hidrocarburos", "enjuiciamiento al gobierno derrocado", "la liquidación de los partidos políticos tradicionales".... y comenzó un nuevo periodo de facto en Bolivia con: los decretos de amnistía para la impunidad de los delincuentes de octubre de 2003, mientras Evo Morales enjuiciaba a los defensores de la democracia destituyendo los fiscales que rechazaron el juicio por falta de causa; la ley de reforma constitucional 2631 que falsifica la Constitución Política introduciendo la asamblea constituyente; la suplantación del ya ilegal texto de la constituyente con ley 3941; el fraude en el referéndum constitucional; fraudes electorales; desaparición del estado de derecho; toma de todos los poderes del estado; reelección indefinida de Morales…

Luego de 15 años, el golpe de estado que los conspiradores llaman "la guerra del gas" ha producido: el régimen dictatorial castrochavista de Evo Morales, la desaparición de la República de Bolivia, más 20 masacres sangrientas; más de cien presos políticos, más de 1.200 exiliados políticos, la desaparición de la libertad de prensa, cientos de nuevos ricos, un narcoestado plurinacional, fuerzas armadas que rinden honores al invasor che Guevara… mentiras, infamias y corrupción.

LA DICTADURA CASTROCHAVISTA DE BOLIVIA NO PUEDE SER ENCUBIERTA

4 de noviembre de 2018

El tratamiento a Cuba, Venezuela y Nicaragua como dictaduras es real, pero la dictadura de Bolivia está burlando su naturaleza en análisis, noticias y declaraciones. Mientras se afirma el consenso sobre la condición criminal de los regímenes de Castro-Diaz Canel, Maduro y Ortega, la dictadura del dirigente cocalero Evo Morales parece desapercibida. Las dictaduras castrochavistas de Cuba, Venezuela, Nicaragua y Bolivia tienen las mismas características, metodología, agenda y la de Bolivia no puede quedar encubierta por error, omisión o conveniencia.

El esfuerzo de propaganda más importante de las dictaduras del socialismo del siglo XXI o castrochavismo, ha sido y es el de aparentar democracia. La dictadura de Cuba nunca ha tenido opción en esta farsa, pero insiste tratando de presentar modificaciones de su estatuto dictatorial manipuladas como "reforma constitucional". La dictadura de Venezuela ha perdido todo el disfraz con la crisis humanitaria y Nicaragua no ha dejado duda de su condición dictatorial con los asesinatos y violaciones a los derechos humanos desde abril pasado.

No es que la dictadura de Venezuela exista hace un año y haya aparecido con los cientos de miles de migrantes forzados, o que la dictadura de Nicaragua ocurrió de pronto con los crímenes contra las protestas iniciadas el 18 de abril. En Venezuela existe dictadura desde que Hugo Chávez juró como presidente con la sentencia "moribunda

Constitución", luego se asoció con Castro y concentró todo el poder. Nicaragua es dictadura por lo menos desde 2009 que Daniel Ortega dejó "sin aplicación los artículos constitucionales 147 y 178 que prohibían la reelección continua para el Presidente de la Republica".

El régimen de Evo Morales en Bolivia es dictadura, forma parte de la organización de crimen organizado transnacional castrochavista, es una amenaza para el mundo y viola los derechos humanos y las libertades de los bolivianos. Más de 20 masacres con más de 100 muertos en Cochabamba, El Provenir en Pando, El Hotel Las Américas en Santa Cruz, La Calancha en Sucre, Los Yungas de La Paz, zonas mineras y otras lo prueban. La persecución judicializada con, más de 80 presos políticos y más de 1.200 exiliados políticos certificados por la Organización de las Naciones Unidas para los refugiados lo ratifican.

En enero de 2019 el dictador Morales cumplirá 13 años continuos en el poder y fue elegido por 5 años sin derecho a reelección continua. Morales ha falsificado la reforma constitucional de 2004 asociado con Carlos Mesa para introducir "asamblea constituyente" cuando la Constitución de la República solo permite reformas parciales; con el mismo grupo de "constitucionalistas de Valencia" que operaron en Venezuela, Cuba y Ecuador ha falsificado el texto de constitución aprobado por la ya ilegal constituyente; ha suplantado la República de Bolivia con su "estado plurinacional"; ha vaciado todo el poder democráticamente constituido cambiándole el nombre a las instituciones para dejar sin cargo a los magistrados; ha hecho fraude electoral en elecciones, referéndums y más.

La constitución del estado plurinacional de Morales vigente desde 2009 —copiando a Cuba— consagra la "retroactividad de la ley" violando la Declaración Universal de Derechos Humanos.

Evo Morales promueve internacionalmente la coca y la cocaína como en su discurso en la ONU en Abril de 2016. Aumentó el cultivo de coca ilegal de 3.000 hectáreas del año 2003 a más de 70.000 hectáreas, con producción de cocaína inunda Brasil, Chile, Argentina y opera una red de tráfico oficial con Venezuela en aviones militares como lo prueba el Periodista Leonardo Coutinho en "Hugo Chávez o Espectro".

Para afianzar su "estado plurinacional criminal" ha expulsado al Embajador de Estados Unidos y a la DEA, rompiendo convenios internacionales antinarcóticos igual que Venezuela y Ecuador con Correa. Ha creado y opera la "Escuela Militar Antiimperialista del Alba" en Santa Cruz, con instructores de Cuba e Irán, entre otros. Ha terminado con la libertad y de prensa cuyo control le permite seguir vendiendo un éxito económico falsificado y la "falsa imagen de indígena" que no habla ninguno de los idiomas originarios y que ha reprimido ferozmente a los verdaderos indígenas del TIPNIS para robarles sus reservas naturales con la expansión de cultivos ilegales de coca.

EL MÁS RECIENTE PRESO POLÍTICO EN BOLIVIA ES UN ALBAÑIL DE 26 AÑOS

11 de noviembre de 2018

Quienes insisten en mantener la farsa de que el régimen de Evo Morales es una democracia imperfecta, tratando de separarlo de las indisimulables dictaduras de Cuba, Venezuela y Nicaragua, tienen una prueba más del ejercicio dictatorial de su protegido con el público incremento de los presos políticos en Bolivia. Un ciudadano que gritó "Bolivia dijo NO" a Evo Morales en la ciudad de Potosí está detenido y procesado por el sistema dictatorial castrochavista. El más reciente preso político en Bolivia es el joven albañil boliviano Moisés Montero Chambi, de 26 años de edad, que enfrenta hasta 10 años de cárcel por gritar una verdad establecida por la mayoría de los bolivianos en referéndum constitucional.

Cada 10 de noviembre se recuerda el aniversario cívico del Departamento de Potosí en Bolivia, en homenaje al levantamiento libertario de 1810. La capital del Departamento de Potosí es la "Villa Imperial de Potosí" mundialmente reconocida por la riqueza del "Cerro Rico de Potosí" donde se ubica la mina de plata más grande del mundo desde el siglo XVI en adelante, fuente de cuantiosa riqueza para la Corona de España en la colonia e importante soporte para la economía de la Nación.

En el aniversario cívico de los departamentos en Bolivia se acostumbra la visita del presidente que anuncia "regalos" para el departamento que se festeja. En el régimen de Evo Morales esta práctica se ha institucionalizado por el centralismo y estatismo exacerbados que hacen que toda obra o gasto públicos pasen por la decisión, control e inauguración del dictador, que pone su nombre y exige retribución política por tales obras, en general sindicadas por mala calidad, sobreprecios y corrupción.

El pasado 9 de noviembre el jefe del estado llegó a la ciudad de Potosí donde un joven le gritó "Bolivia dijo no", razón por la que el gritón fue inmediatamente detenido bajo la versión inicial de que había proferido tan inaudita frase, echado un vaso de agua y una bolsa con coca a Evo Morales cuando se desarrollaba la Asamblea Departamental. Luego la versión oficial quitó lo del vaso de agua y la bolsa de coca porque el detenido nunca estuvo ni cerca del dictador.

Bolivia vive hoy una creciente crisis social y política generada por la persistencia de Evo Morales para mantenerse indefinidamente en el poder. Morales llegó a la Presidencia de la República de Bolivia en enero de 2006 con un mandato por 5 años y sin posibilidad de reelección continua y va a cumplir 13 años que detentar el poder. Con el modelo castrochavista previamente aplicado en Venezuela con Chávez, practicado en Ecuador con Correa y en ejecución en Nicaragua con Ortega, suplantó la Constitución Política del Estado para forzar una constituyente, produjo más de 20 masacres sangrientas para asesinar, apresar y exiliar a los defensores de la República y luego de suplantar el texto de su propia constituyente produjo el año 2009 el "Estado Plurinacional de Bolivia" que le permite el control total.

La Constitución de su estado plurinacional permite a Morales la reelección continua por una vez, la misma que utilizó de inmediato convocando a elecciones el mismo 2009 posesionándose como Jefe del Estado Plurinacional en enero de 2010 por 5 años. Pero el 2014 utilizó al Tribunal Constitucional de su dependencia para que con una sentencia autorice su segunda candidatura consecutiva con el argumento que "habiéndose fundado el estado plurinacional el año 2009, la elección en la extinta República de Bolivia no cuenta".

Con falsificaciones, masacres, prevaricatos y otros delitos, en enero de 2015 Morales volvió a jurar como jefe de estado por 5 años más y de inmediato convocó al pueblo boliviano para que en referéndum se establezca su reelección indefinida. El referéndum se llevó a cabo el 21 de febrero de 2016 (21F) y Bolivia dijo No, esto es que toda la forzada cadena de crímenes se acabó por mandato popular, que Evo Morales no puede ser más candidato para simular triunfos electorales con fraude y más delitos.

Pero como lo hizo Hugo Chávez y lo hace Nicolás Maduro en Venezuela y Ortega en Nicaragua, Evo Morales ya está en campaña electoral para simular su reelección el 2019 para lo que ha obtenido otra "sentencia infame" de su Tribunal Constitucional, que por encima del mandato popular y de su propia constitución, que ha declarado que Morales tiene "el derecho humano a la candidatura indefinida".

En Bolivia hay cerca de 80 presos políticos y más de 1.200 exiliados políticos, todos acusados y procesados por el sistema de justicia de la dictadura que aplica leyes retroactivamente, no reconoce derecho a la defensa, está integrado por fiscales y jueces que son simples operadores del régimen sin imparcialidad ni idoneidad, en una copia del sistema castrista que ha hecho de la justicia el aparato de represión y asesinato de la reputación de los defensores de la libertad y la democracia.

En este sistema es que Moisés Montero Chambi un ciudadano de 26 años por gritar BOLIVIA DIJO NO está imputado de oficio por el delito de "atentados contra el presidente y otros dignatarios de esta-do" Art. 128 Penal de la dictadura con pena de cárcel de 5 a 10 años.

Es el más reciente preso político y la dictadura le brinda la opción de confesar un delito que no cometió, pedir disculpas al dictador, obtener una sentencia blanda y recuperar la libertad, o seguir el camino de los bolivianos que han muerto en las cárceles de Morales y que aún permanecen en ellas.

BOLIVIA, FORZADA AL SUPREMO DERECHO
DE LA REBELIÓN

9 de diciembre de 2018

Aplicando el guion de Cuba ejecutado en Venezuela y Nicaragua, Evo Morales acaba de manipular al Tribunal Supremo Electoral de su régimen haciéndose declarar habilitado como candidato para las elecciones de 2019 y posteriores, imponiendo su reelección indefinida. Los bolivianos ya no tienen duda que están sometidos a una dictadura, mientras el régimen arrecia el amedrentamiento, control político y de prensa. Está en evidencia la falsificación de democracia y el pueblo de Bolivia es forzado al supremo derecho de la rebelión contra la tiranía y la opresión.

El derecho al "supremo recurso de la rebelión contra la tiranía y la opresión" es un derecho natural y jurídico reconocido en la Declaración Universal de Derechos Humanos. Aleksandar Marsavelski lo resume como el "derecho de los pueblos frente a gobernantes de origen ilegítimo o que teniendo origen legítimo han devenido en ilegítimos durante su ejercicio, que autoriza la desobediencia civil y el uso de la fuerza con el fin de derrocarlos y reemplazarlos por gobiernos que posean legitimidad".

El derecho de rebelión fue proclamado por Platón y fundamentado por Santo Tomas de Aquino. Está incluido en la Declaración de Independencia de los Estados Unidos que luego de proclamar los derechos "a la vida, la libertad y la búsqueda de la felicidad" establece "que para garantizar estos derechos se instituyen entre los hombres los gobiernos, que derivan sus poderes legítimos del consentimiento de los gobernados; que cuando quiera que una forma de gobierno se haga destructora de estos principios el pueblo tiene derecho a reformarla o abolirla e instituir un nuevo gobierno que se funde en dichos principios…".

El artículo 35 de la Declaración de los Derechos del Hombre y del Ciudadano de la Revolución Francesa expresa que "cuando el gobierno viola los derechos del pueblo, la insurrección es, para el pueblo y para cada una de sus porciones, el más sagrado de los derechos y el mas indispensable de los deberes". Todas las constituciones al reconocer que "la soberanía reside en el pueblo y que su ejercicio está delegado" fundamentan el derecho de rebelión.

El socialismo del siglo XXI o castrochavismo aplica la metodología de suplantar el orden democrático con leyes infames para "violar legalmente" los derechos humanos, las libertades fundamentales y cometer todo tipo de crímenes con impunidad. Lo que sucede en Bolivia es solo el cierre de un proceso que comenzó en octubre de 2003 con el derrocamiento del Presidente Constitucional con la falacia de defender los hidrocarburos con un golpe de estado que los golpistas llaman "guerra del gas". Luego suplantaron la Constitución y liquidaron la República de Bolivia con una írrita constituyente.

La proclama de la "reelección indefinida" para Evo Morales culmina un "iter criminis" de 15 años y se abre otro de duración indefinida y de consecuencias imprevisibles. Repitiendo a Chávez y Maduro en Venezuela y Ortega en Nicaragua, Evo Morales que llegó al poder por un periodo de 5 años y que debió haber entregado la presidencia el 2011, cumplirá 13 años detentando el poder y tiene todo montado para "ganar elecciones preparadas a su medida". Lo hará con una cadena de crímenes que van desde la suplantación constitucional, la desaparición del estado de derecho, la concentración de todos los poderes, el desconocimiento de la voluntad popular expresada en el referéndum del 21 de Febrero de 2016 (21F), hasta el fraude electoral con control de la identificación, registros ciudadanos, publicidad, prensa y de todas las autoridades que debería ser imparciales pero que ahora integran "la banda delictiva de los 6" al servicio del dictador.

La situación es tan grave que Evo Morales como "dictador electoralista" controla incluso los candidatos de oposición a los que tiene en un proceso de elecciones primarias para consumar el desconocimiento al 21F en un ambiente simulado de democracia. Los líderes bolivianos tienen el desafío urgente de desactivar la farsa electoral del dictador haciendo que los candidatos realmente democráticos abandonen el proceso, denunciando su naturaleza, pues quienes se queden lo harán como funcionales y cómplices para legitimar al dictador.

La dictadura de Evo Morales y la intervención internacional castrochavista de Cuba y Venezuela en Bolivia fuerzan a los bolivianos al supremo derecho de la rebelión. "Bolivia no es Venezuela" proclaman y ojalá tengan razón, pues hace unos años los venezolanos decían "Venezuela no es Cuba".

CARTA ABIERTA DE CARLOS SÁNCHEZ BERZAÍN AL PRESIDENTE JAIR BOLSONARO

26 de Diciembre 2018

Señor
JAIR MESIAS BOLSONARO
Presidente Electo de la República Federativa de Brasil.

"Regímenes que violan las libertades de sus pueblos y actúan abiertamente contra el futuro Gobierno de Brasil por afinidad ideológica con el grupo derrotado en las elecciones no estarán en la investidura" (Jair M. Bolsonaro)

Señor Presidente:

Tengo el honor de dirigirme a Ud. con el propósito de pedirle tenga la gentileza de revisar y revocar la invitación cursada al Jefe del Estado Plurinacional de Bolivia para vuestra investidura como Presidente de la República Federativa de Brasil.

Me motiva el precedente de que invitaciones similares han sido retiradas a los gobernantes de Cuba, Venezuela y Nicaragua, y el régimen boliviano incurre en violaciones tan o más graves y actúa abiertamente contra el Brasil y su futuro gobierno, conforme paso a recordar.

1. En cuanto a la violación de las libertades del pueblo boliviano —en apretado e incompleto resumen— Evo Morales lidera un régimen de crimen organizado:

1.1. Ha extinguido la Constitución Política del Estado por medio de falsificaciones y acciones de hecho, ha liquidado la República de Bolivia, suplantándola con el Estado Plurinacional. Hoy en Bolivia se violan los derechos humanos como parte de la metodología de control político introducida y controlada por Cuba y Venezuela, no hay división e independencia de poderes, no existe estado de derecho, se ha institucionalizado la persecución política judicializada y como consecuencia hay más de una centena de presos políticos y más de 1.200 exiliados políticos (la mayoría de estos refugiados en Brasil). Morales ha realizado más de 20 masacres como en Porvenir, Hotel las Américas, Cochabamba, La Calancha, con 89 asesinatos.

1.2. Electo por un periodo de 5 años sin derecho a reelección consecutiva, en enero próximo completará 13 años continuos como Jefe de Estado con el título de presidente y ejercicio de dictador. Para gobernar todo este tiempo además de los crímenes resumidos en el punto anterior, Morales pretende ser candidato en las elecciones de 2019 para prorrogarse indefinidamente desconociendo el resultado del referéndum que él mismo convocó el 21 de Febrero de 2016 (21F), en el que Bolivia dijo NO a más reelecciones. Con fallo infame del Tribunal Constitucional, manipulaciones del Tribunal Supremo Electoral —ambos bajo su control— Morales se ha habilitado como candidato. Hoy en Bolivia existen más de 200 ciudadanos en huelga de hambre y movilizaciones populares exigiendo respeto al 21F.

1.3. Ha convertido Bolivia en un narco estado incrementando los cultivos de coca ilegal de 3.000 hectáreas del año 2003 a más de 50.000 hectáreas, además de aumentar innecesariamente la coca legal. Morales es el líder perpetuo de los sindicatos de coca ilegal del Trópico de Cochabamba (Chapare) que son su base política y que prácticamente han integrado a los cultivos de coca la producción de droga. El periodista brasilero Leonardo Cuotinho en su libro *Hugo Chávez o Espectro* documenta el "puente aéreo de la cocaína" el tráfico oficial Bolivia-Venezuela y el "narcobolivarianismo" que tiene como una de sus víctimas a Brasil.

1.4. En la Embajada de Brasil en La Paz estuvo refugiado por 15 meses el Senador Roger Pinto, perseguido político del régimen de Morales, y por la acción humanitaria del diplomático Brasilero Eduardo P. Saboia pudo escapar al Brasil donde recibió refugio político. Roger Pinto ha muerto exiliado en "accidente de aviación", pero ha dejado muy clara la violación de los derechos humanos de Morales en Bolivia, incluso contra un senador en ejercicio.

2. Evo Morales además de afinidad ideológica plena con el grupo derrotado en las elecciones en que el pueblo de Brasil lo eligió a Ud. como su Presidente, es parte del proyecto transnacional "Foro de Sao Paolo", hechos sobre los que me permito algunos apuntes:

2.1. Todo lo mencionado en el acápite anterior y más, ha sido hecho y se sostiene en el marco del "Foro de Sao Paolo" y del eje "Caracas-La Habana" que con denominación de Alba, proyecto bolivariano, socialismo del siglo XXI y ahora simplemente "castrochavismo", ha controlado América Latina hasta hace poco.

2.2. Evo Morales ha humillado a las Fuerzas Armadas de la Nación de Bolivia reivindicando y haciendo monumentos al Che Guevara, que invadió mi Patria, ha nombrado su "papá" a Fidel Castro, es un declarado seguidor de Hugo Chávez, defensor implacable de los dictadores de Cuba, Venezuela y Nicaragua y así procede con los votos y la representación de Bolivia en todos los foros internacionales. Sostiene el programa de "médicos esclavos", miles de los cuales están en Bolivia y ha ofrecido públicamente empleo a los que abandonaron el programa "mais médicos" de Brasil.

2.3. En el ámbito de la corrupción el escándalo de "lava jato" ha sido y es cuidadosamente encubierto —hasta ahora— para evitar aparezcan las implicaciones de Evo Morales. Solo como un ejemplo, permítame recordar que Luis Ignacio Lula da Silva promovió personalmente la construcción del camino que viola la reserva indígena y natural del "TIPNIS" en Bolivia. La poca información que la opinión pública boliviana tiene en el caso del lava jato boliviano proviene de casos develados en Perú. Evo Morales y su régimen son responsables de la muerte de José María Bakovic, Director del Servicio Nacional de Caminos, a quien acosaron hasta la tumba para avanzar con la corrupción. Es urgente Señor Presidente que todas las cuestiones relativas a contratos, sobreprecios, sobornos e implicaciones de funcionarios de Bolivia y Brasil, desde que el Partido de los Trabajadores tomó el gobierno, sea pública, pues si su entrega continúa de gobierno a gobierno Evo Morales seguirá ocultándola.

2.4. El incremento de la producción de coca y de cocaína como política de estado del régimen de Evo Morales ha inundado de droga la región, siendo el país más afectado Brasil por su extensa frontera con Bolivia y su gran población. El incremento en la prevalencia de consumo de cocaína en Brasil, con el consiguiente aumento de la criminalidad y el enriquecimiento de peligrosos grupos delincuenciales, amenazan la estabilidad brasilera y provienen de la producción de droga del territorio controlado por Evo Morales que a su vez ha sostenido como amigo declarado a las FARC de Colombia, patrocinadas por Cuba, otra fuente de amenaza directa y por medio del eje en que se ha convertido Venezuela.

Sin duda Señor Presidente Ud. conoce estos hechos y muchos más. También conoce que los regímenes dictatoriales castrochavistas en las Américas son Cuba, Venezuela, Nicaragua y BOLIVIA, que con los mismos mecanismos y crímenes, concertados y articulados entre sí, oprimen a sus pueblos y amenazan a las democracias como la de Brasil.

El pueblo de Bolivia está luchando por su libertad y por recuperar la democracia. Evo Morales es un dictador que no tiene intención de dejar el poder porque necesita impunidad y actúa bajo la estrategia con Cuba, Venezuela y Nicaragua, como lo prueba la reciente reunión de los dictadores Castro-Díaz Canel, Maduro, Ortega y Morales en La Habana el 14 y 15 de este mes bajo la cobertura de "ALBA-TCP".

Que tres dictadores de Cuba, Venezuela y Nicaragua no sean invitados a la investidura del Presidente democrático de Brasil y Morales sí, sería un premio y un gran beneficio para el dictador asistente que seguirá simulando una legitimidad de democracia que no tiene.

Atentamente

CARLOS SÁNCHEZ BERZAÍN
Exiliado Boliviano
www.carlossanchezberzain.com

6

DEMOCRACIA

CONOCER SU ESTRATEGIA, DERROTAR A LAS DICTADURAS Y LUEGO ELECCIONES

14 de enero de 2018

En la lucha para recuperar la democracia de manos de los dictadores castrochavistas hay importantes avances, pero los regímenes cometen y están dispuestos a todo tipo de crímenes para mantener el poder. Las condiciones objetivas permiten conocer la estrategia de las dictaduras, pero es vital recordar que primero hay que derrotar a las dictaduras, para después —en democracia— disputar el poder en elecciones libres y justas.

Retornar la democracia en Cuba, Venezuela, Bolivia y Nicaragua es un problema nacional de cada pueblo, de cada país con importantes singularidades locales, pero enfrenta un sistema dictatorial transnacional de crimen organizado en base al concepto del "internacionalismo" castrista de los sesenta, recreado y estructurado para violar ilimitadamente los derechos humanos en regímenes de facto con una estrategia uniforme.

Para mantener en el poder a los Castro en Cuba, a Maduro en Venezuela, a Evo Morales en Bolivia y a los Ortega en Nicaragua aplican los conceptos de "miedo", "fuerza", "identificar y dividir al enemigo interno", "enemigo externo para victimizarse", "politización y control de información". Lo hace la dictadura cubana desde hace más de cinco décadas, no sin sobresaltos y riesgos, pero hasta ahora con éxito.

El miedo es elemento esencial de las dictaduras, por eso acaban con el "estado de derecho" y lo suplantan por el "derecho del estado" con "leyes infames" para perseguir, privar de libertad, honor y patrimonio a los ciudadanos, como busca el Código Penal de Evo Morales que ahora mismo rechaza el pueblo boliviano, y tal cual ya mandan las leyes de Cuba, Venezuela y Nicaragua en plena aplicación.

La fuerza para sostener el régimen de miedo está fundada en el control de los mandos militares y policiales hasta lograr el adoctrinamiento y militancia de sus miembros, a los que también aplican el elemento del miedo, convirtiéndolos en violadores institucionalizados de los derechos humanos y en simples fusibles que queman cuando es necesario encubrir al régimen, como sucedió en Cuba con el fusilado Gral. Ochoa y pasa en Venezuela con el Gral. Baduel y muchos más. La fuerza se ejerce además por grupos irregulares, pandillas, expertos del "internacionalismo castrista", grupos criminales como las FARC de Colombia y si es necesario con ayuda del terrorismo.

El enemigo interno es la nación, la sociedad, los líderes y grupos políticos, a los que hay que dividir, coaptar o eliminar. Para eso multiplican los ejes de confrontación más allá de lo político al racismo, regionalismo, género, generaciones, sectoriales, funcionales y todo lo que permita dividir la sociedad, sus instituciones y ponerlas en disputa. Hoy en Bolivia la dictadura de Evo Morales que desconoce la Nación Boliviana como identidad de todos los bolivianos, está exacerbando la confrontación racial tratando de dividir —con mentiras y miedo— al pueblo que desde la Revolución Nacional de 1952 avanzaba en la unidad en la diversidad.

El enemigo externo es el "imperialismo norteamericano" con el que las dictaduras justifican todos sus atropellos, corrupción y crímenes, incluso el narcotráfico como hizo Evo Morales en la ONU. El enemigo externo sirve para achacar a los Estados Unidos todos los resultados funestos del crimen organizado que ejerce el poder político como lo hacen los Castro desde hace años y ahora Maduro, Morales y sus segundones.

Toda acción criminal, violatoria de los derechos humanos realizada por la dictadura es "politizada" y presentada con el "control de información" y propaganda. Hoy los regímenes de Cuba, Venezuela y Bolivia dicen que " la derecha" conspira, paga y los quiere derrocar, atribuyéndose la posición de "izquierda", socialistas y comunistas, cuando son criminales "fascistas" cuya única ideología y objetivo es el control total e indefinido del poder con enriquecimiento ilícito.

Conocida su estrategia, está demostrado que la lucha contra las dictaduras no es una confrontación de derechas contra izquierdas, porque todos quieren recuperar la democracia como lo muestra la reorganización del Comité Nacional de Defensa de la Democracia CONADE en Bolivia, que fue creado para restaurar la democracia en los setenta y reactivado hace pocos días contra Evo Morales. Todos juntos contra la dictadura y luego elecciones en democracia.

MENSAJE A LULA Y SUS SOCIOS: "LA LEY SIEMPRE VA A ESTAR POR ENCIMA TUYO"

28 de enero de 2018

El fallo emitido por el Tribunal Regional Federal de Porto Alegre en Brasil, ratificó por unanimidad la culpabilidad de Luis Ignacio Lula da Silva por "corrupción pasiva y lavado de dinero" con la Constructora OAS en el escándalo "lavajato" y amplió su condena de 9 a 12 años de cárcel. En un mensaje que aplica a los socios de Lula en los regímenes de Cuba, Venezuela, Bolivia, Nicaragua, Ecuador y otros, el Juez Leandro Paulsen sentenció: "Que entiendan todos que…...no importa que tan alto sea el pedestal en el que te ponga el poder, LA LEY siempre va a estar por encima tuyo".

Hay estado de derecho cuando "la ley está por encima de los gobernantes, y no a la inversa, y por ello rige por igual entre todos los ciudadanos". Se trata de que "cualquier poder sea limitado por la ley, que condiciona no solo sus formas sino también sus contenidos". Una de las señales de la vigencia del "estado de derecho" es la división e independencia de los órganos del poder público, y ambos —estado de derecho y división en independencia de poderes— son elementos esenciales de la democracia. Por eso, la decisión de los jueces brasileros en el caso Lula, es una demostración de la fortaleza de la democracia en Brasil, deseada y hasta envidiada por muchos pueblos de la región.

El aumento de la condena de Lula, es el "botón de muestra" de la red de corrupción establecida en Brasil y extendida por todas las Américas a partir del "Foro de Sao Paolo" y su expresión política el socialismo del siglo XXI hoy también conocido como "castrochavismo". Lula recibió de la Constructora OAS un departamento tríplex en el balneario de Guarujá valuado en 1,2 millones de dólares a cambio de contratos para OAS con Petrobras durante su gobierno, como la refinería Abreu e Lima que Lula inauguró junto con Hugo Chávez.

El caso Lula es parte del "lavajato", el escándalo más grande de corrupción política transnacional, una red de crimen organizado establecida desde el "Foro de Sao Paolo" con fines políticos para enriquecer al castrochavismo que con esos dineros ilícitos manipuló elecciones y medios de comunicación, violó y viola los derechos humanos y destrozó la democracia en Venezuela con Chávez y Maduro, en Ecuador con Correa, en Nicaragua con los Ortega, en Bolivia con Evo Morales, en Argentina con los Kirchner y en varios países del Petrocaribe, bajo el control de la dictadura cubana de los Castro.

La investigación del "lavajato" dice que "miembros del gobierno brasilero (Lula) extendieron esta red de pagos bajo la mesa para que las principales constructoras de ese país logren importantes concesiones en toda América Latina". El caso más conocido es el de Odebrecht, pero cerca de 14 constructoras brasileras más están bajo investigación, y este es el caso de OAS en Bolivia con obras y contratos promocionados públicamente por Lula y Evo Morales como la carretera que invade y destroza la zona indígena protegida del TIPNIS para ampliar cultivos de coca ilegal.

La condena a Lula es el señalamiento al jefe del monumental mecanismo de "internacionalización de la corrupción" bajo la doctrina dictatorial cubana para que "nunca más les falte dinero para la acción revolucionaria", que no es otra cosa que la destrucción de la democracia. Además de abarcar los regímenes de Venezuela con Chávez y Maduro, Nicaragua con los Ortega y Bolivia con Evo

Morales que hoy ya se reconocen como dictaduras, tocó y corrompió prácticamente toda la región como lo reflejan los casos Kirchner en Argentina, Toledo, Humala y otros en Perú, los altos cargos del régimen de Correa en Ecuador que aún protegen a Correa, los casos de Panamá, Dominicana, México y más.

Los jueces brasileros han determinado que "hay pruebas más que razonables que el ex presidente (Lula) fue uno de los articuladores, si no el principal, de una amplia red de corrupción". La defensa de Lula no tiene ninguna posibilidad jurídica, por eso se ha centrado en la politización del juicio sin lograr efectos por la vigencia del "estado de derecho, la seriedad e independencia de los jueces y contundencia de las pruebas. El Juez Joao Gebran Neto, miembro de la Sala que aumentó la pena a Lula negó la alegada persecución del Poder Judicial expresando que "el Poder Judicial no puede guiarse por las consecuencias políticas de este tipo de juicios".

CORRUPCIÓN, INGOBERNABILIDAD Y DEMOCRACIA QUE FUNCIONA EN PERÚ

25 de marzo de 2018

En Perú, Pedro Pablo Kuczynski (PPK) fue elegido en segunda vuelta como un presidente débil, montado en la premisa de evitar a toda costa que Keiko Fujimori llegara a la presidencia, dando lugar a un frágil gobierno de minoría en un sistema presidencialista.

El Foro de Sao Paolo, con Lula da Silva como jefe, y cerca de 15 empresas constructoras, entre las que destaca Odebrecht, han dejado su mancha de corrupción por todas las Américas. Estos dos elementos –ingobernabilidad y corrupción– acaban de producir la caída de PPK, pero al mismo tiempo demostraron una democracia que funciona en Perú.

Casi todos los gobiernos de América Latina han quedado señalados con el destape de la corrupción del "lava Jato". Odebrecht es una de las empresas brasileras implicadas en la red criminal del Foro de Sao Paolo, implementada por Lula da Silva con los dictadores Fidel Castro y Hugo Chávez, con miles de millones de dólares en sobornos. Están pendientes de investigación los contratos, obras, sobreprecios, sobornos y corrupción de todas las demás empresas brasileras sospechosas como OAS, Quiroz Galvao, Andrade Gutiérrez, Camargo Correa, Méndez Junior, UTC Eng y más.

La reacción de los países comprometidos en el "lava jato" ha sido de tres tipos:

1.- *Lucha contra la corrupción.* Los países con democracia, división e independencia de poderes, "estado de Derecho" y prensa libre, han abierto investigaciones vigorosas y avanzado con decisión. Brasil ha destituido a la presidenta Rousseff, condenado a prisión a Lula da Silva, a Marcelo Odebrecht y sigue. Perú tiene procesados expresidentes y otros, encarcelado a Ollanta Humala y esposa, buscado y requerido por corrupto a Alejandro Toledo, ahora forzado a renunciar y señalado a PPK.

2.- *Encubrimiento parcial o de alto nivel.* Los países en que los implicados controlan desde el poder ejecutivo y/o la oposición –así sea relativamente– los poderes legislativo y/o judicial, han hecho investigaciones parciales encubriendo a los principales autores como presidentes, expresidentes, ministros o altos funcionarios, tratando de tapar el tema con "chivos expiatorios" de menor rango, como se ha denunciado y se sospecha en República Dominicana, Colombia, Panamá, México, ahora Ecuador con Lenin Moreno y otros. En estos países aún existe la esperanza que no queden en la impunidad.

3.- *Encubrimiento total.* En los países controlados por las dictaduras del castrochavismo, donde no existe división ni independencia de poderes, no hay estado de Derecho, no existe libertad de prensa y la justicia es una tecla más del régimen, que son Cuba, Venezuela, Bolivia, Nicaragua y Ecuador de Rafael Correa, se ha tapado toda investigación, mantienen el encubrimiento y la impunidad. Se ha denunciado la corrupción con Odebrecht en las obras del Puerto de Mariel por cientos de millones de dólares pero la dictadura de Cuba encubre y calla. En Bolivia, Evo Morales y su régimen tapan la denunciada corrupción con OAS, Queiroz Galvao, Andrade Gutiérrez y otras que incluso llevaron a la muerte al director del Servicio de Caminos José María Bakovic.

Para encubrir la corrupción que ha tocado los más altos niveles de gobierno hace falta mucho poder y como los dictadores del socialismo del siglo XXI o castrochavismo lo tienen completo, les resulta –por ahora– relativamente fácil. Pero los pueblos saben que la corrupción es esencial a sus regímenes y están luchando.

Un presidente de minoría como PPK, con una pequeña representación parlamentaria, con una oposición fuerte, en sistema presidencialista, está destinado a no terminar su periodo o al más rotundo fracaso por "falta de condiciones objetivas de gobernabilidad", como lo escribí el 30 de mayo de 2016 bajo el título "Perú entre Keiko Fujimori y la ingobernabilidad". Esta situación con corrupción y falsedad es insostenible como prueban los hechos.

Una grave crisis de ingobernabilidad más corrupción ha sido salvada con solvencia por la democracia del Perú. La buena noticia es que la democracia peruana existe, funciona, ha mostrado institucionalidad, hay estado de derecho, denota división e independencia de poderes. No hubo ruido de sables. Ha sido una muestra de civismo.

El nuevo presidente de Perú, Martín Vizcarra, mantiene el problema de gobernabilidad, pero si agrega consenso y no suma corrupción, podrá terminar el mandato.

COLOMBIA Y LA DEMOCRACIA
EN AMÉRICA LATINA

05 de agosto de 2018

Por su situación geopolítica y los desafíos regionales Colombia es hoy centro de definición de intereses vitales para las Américas. Su condición limítrofe con Venezuela, la producción de cocaína que ha superado todo límite, las guerrillas narcoterroristas vinculadas a la política, y la amenaza de la acotada pero peligrosa organización dictatorial castrochavista que somete a Cuba, Venezuela, Bolivia y Nicaragua, son problemas para Colombia y para la región. Las condiciones políticas y personales del Presidente Iván Duque integran un momento histórico que ubica a Colombia en la responsabilidad de liderar la recuperación y consolidación de la democracia en América Latina.

Entre los peligros para las Américas están el narcotráfico, el terrorismo, el crimen organizado y la inseguridad ciudadana, que son precisamente las actividades que los regímenes castrochavistas de Cuba, Venezuela, Nicaragua y Bolivia, promueven administran y utilizan para mantenerse indefinidamente en el poder.

Se reconoce la condición de narco estados de Venezuela con Maduro y de Bolivia con Morales y la actividad narcoterrorista de las FARC y otros grupos sustentados y defendidos por los regímenes de Cuba, Venezuela, Nicaragua y Bolivia. La producción de cocaína en el mundo ha crecido exponencialmente con el proceso de paz con las FARC en Colombia llegando alrededor de 200.000 hectáreas de plantaciones de coca, y más de 70.000 hectáreas con Evo Morales y sus sindicatos cocaleros detentando el gobierno en Bolivia.

Mientras Evo Morales a nombre del grupo dictatorial acusaba en las Naciones Unidas en Abril de 2016 a la lucha contra el narcotráfico como "instrumento de intervención del imperialismo norteamericano", el aumento de cocaína en Colombia y Bolivia inundaba de droga las Américas disparando la prevalencia de consumo en países como Argentina, Brasil, Chile, México, Salvador, Honduras, Guatemala y más, desarrollando carteles, maras, pandillas y otras formas criminales, creciendo la inseguridad ciudadana y forzando la migración.

La crisis humanitaria de Venezuela es un problema para toda la región, con especial presión en Colombia constituida en vía de salida y destino de cientos de miles de venezolanos. La migración forzada es alentada por la dictadura de Maduro que repite la técnica castrista aplicada reiteradamente en Cuba, con el triple propósito de debilitar la resistencia interna, producir un flujo de remesas enviadas por los exiliados y manipular el poder de negociación que adquiere con la oferta de frenar la diáspora.

El siglo XXI en las Américas está marcado por el cambio del eje de confrontación de izquierda-derecha al de dictadura-democracia, con el liderazgo de América Latina en manos de Hugo Chávez y luego de Fidel y Raúl Castro. La Cumbre de las Américas de Panamá 2015 marca el momento de mayor éxito de las dictaduras sobre la democracia, que se revierte progresivamente con hitos como el retorno de la OEA a sus principios con el Secretario Almagro, el triunfo Macri en Argentina, la destitución de Rousseff y la cárcel a Lula por corrupción en Brasil, los efectos aún parciales del escándalo "lavajato", la liquidación económica de Venezuela, el cambio de política exterior de Estados Unidos frente a Cuba y las dictaduras, la Cumbre de las Américas de Lima 2018, la restauración progresiva de la democracia en Ecuador con Moreno, el triunfo electoral de Duque en Colombia.

La reciente reunión del Foro de Sao Paolo en La Habana es el último y fallido esfuerzo de las dictaduras de Cuba, Venezuela, Nicaragua y Bolivia para tratar de mantener su careta política de "fuerzas de izquierda y progresistas" en un momento en que la región y el mundo los señala como sangrientos "regímenes de crimen organizado transnacional" que violan a diario los derechos humanos.

América Latina afronta un momento en que la terminación de las dictaduras es un imperativo inherente a la paz y seguridad internacionales. La complejidad de batallas que aguardan van desde más sanciones, aplicación de la Convención de Palermo, gestiones diplomáticas oportunas, amenazas creíbles, hasta acciones colectivas. Esta resolución histórica necesita un liderazgo latinoamericano apoyado por las democracias de la región y del mundo, que por razones geopolíticas y de interés común dirigen hoy su mirada al nuevo Presidente de Colombia.

AMÉRICA LATINA, 17 AÑOS DESPUÉS
DEL 11 DE SEPTIEMBRE DEL 2001

9 de septiembre de 2018

Dos hechos históricos que han marcado el siglo XXI sucedían el 11 de septiembre de 2001: los atentados terroristas contra Estados Unidos por la red Al Qaeda (9/11) y la suscripción de la Carta Democrática Interamericana (CDI) por los Estados miembros de la Organización de Estados Americanos (OEA) en Lima-Perú. Los atentados terroristas y la reacción a estos, produjeron cambios dramáticos en el mundo y la CDI institucionalizó la democracia en las Américas. Después de 17 años el desafío es revertir los negativos efectos del 9/11 y terminar las dictaduras.

El 9/11 (u 11-S) contra los EEUU, fueron cuatro ataques terroristas suicidas cometidos por 19 miembros de la red yihadista Al Qaeda mediante el secuestro de aviones comerciales impactados contra las Torres Gemelas de Nueva York y el Pentágono, siendo frustrado el objetivo del Capitolio. Ese día causaron 3016 muertos y más de 6000 heridos, dando lugar a la política global de la "guerra contra el terrorismo", a la guerra de Afganistán y la guerra de Irak. Cambiaron el mundo, desde la forma de abordar un vuelo comercial hasta el desarrollo tecnológico para prevenir este tipo de hechos criminales.

En Lima-Perú se firmaba la Carta Democrática Interamericana en un acto histórico que quedó casi ignorado por la gravedad de los atentados 9/11. El Secretario de Estado Collin Powell dejó la Carta firmada antes del acto y retornó apresuradamente a su país.

La CDI es el resultado del periodo más estable de democracia en la región y cuando se firmó existía solo una dictadura en las Américas, la castrista de Cuba. La CDI establece que "los pueblos de América tienen derecho a la democracia y sus gobiernos la obligación de promoverla y defenderla", y establece los "elementos esenciales de la democracia", entre otras normas instituidas como obligatorias.

La concentración de EEUU en la guerra contra el terrorismo y en las guerras de Afganistán e Irak trajeron como consecuencia su progresivo retiro estratégico de América Latina y la ausencia de una política exterior consistente para la región. Con la llegada de Hugo Chávez al poder en Venezuela y su inmediato acuerdo con Fidel Castro, se había puesto en marcha desde enero de 1999 el proceso de estabilización y salvataje de la dictadura de Cuba y la recreación —al principio subrepticia— de la fracasada expansión de la revolución cubana en las Américas como "proyecto bolivariano". Estos hechos políticos fueron ignorados, soslayados o minimizados.

Mientras EEUU se retiraba en sus programas de cooperación, apoyo a la democracia, fortalecimiento judicial, lucha contra la corrupción e incluso antinarcóticos y menguaban sus ya frágiles medios de coordinación en materia militar, inteligencia y lucha contra el crimen, en América Latina se repartían dineros y recursos a raudales por Hugo Chávez, que con golpes de estado, corrupción, populismo y disfraz de democracia expandía su proyecto "Alba" o bolivariano, "socialismo del siglo XXI", hoy "castrochavismo".

Demasiados "expertos latinoamericanistas" estatales y académicos de EEUU y del mundo se creyeron y respaldaron el discurso de "crecimiento democrático y de justicia social" en la expansión de la alianza Chávez-Castro, cuando lo que en verdad sucedía —como lo demuestran hoy los resultados— era la construcción de regímenes dictatoriales violadores de la libertad y los derechos humanos, narco estados justificados en la lucha antiimperialista y "regímenes de crimen organizado" que controlan Cuba, Venezuela, Nicaragua y Bolivia, dejaron el gobierno pero no el poder en Argentina, Brasil y amenazan a las democracias.

La revisión de lo que va del siglo XXI en la región ofrece como realidad objetiva un gravísimo retroceso en democracia, derechos humanos y libertad como resultado de la exitosa expansión de las "dictaduras del socialismo del siglo XX" o castrochavistas que han dado lugar a presos políticos, exiliados políticos, manipulación de la justicia, torturas y asesinatos, masacres, migraciones forzadas, narcoestados, crisis económicas y crisis humanitaria. Cuatro cubas castristas en lugar de una. Si tomamos como referencia el 11 de septiembre de 2001 constataremos que 17 años más tarde los problemas son más graves, las amenazas más concretas y la confrontación real.

La esperanza está en la lucha de los pueblos de Cuba, Venezuela, Nicaragua y Bolivia por rescatar su libertad y democracia, la acción decidida de gobiernos democráticos por su propia seguridad y la aplicación de la nueva política exterior de los EEUU que retorna a la defensa de sus principios y valores que además coinciden con sus intereses en la región.

OTRA DEMOCRACIA EN RIESGO:
¿PERÚ BAJO ATAQUE DEL CASTROCHAVISMO?

15 de octubre de 2018

Mientras la lucha para recuperar la democracia se concentra en las atrocidades de las dictaduras de Cuba, Venezuela, Nicaragua y Bolivia, éstos regímenes ejecutan un plan de agresión regional para sostenerse. La estrategia dictatorial busca la mayor desestabilización de los gobiernos democráticos de las Américas mediante el intervencionismo social, político, electoral, publicitario y criminal. Se trata de desestabilizar la democracia donde sea posible y los hechos indican que ahora Perú soporta la aplicación de esa agenda.

Hugo Chávez se asoció con Fidel Castro en 1999 cuando Cuba agonizaba en su periodo especial, pues como estado parásito, desde la extinción de la Unión Soviética no tenía forma de sobrevivir. Con el petróleo de Venezuela, Chávez salvó a la única dictadura que existía en ese momento en las Américas y puso en marcha la recreación del expansionismo castrista bajo denominación de movimiento bolivariano, proyecto alba, socialismo del siglo XXI, hoy "castrochavismo".

El siglo XXI en América Latina está marcado por la influencia, expansión y caída del castrochavismo como sistema crimen organizado que usurpa la política. Con el Partido de los Trabajadores con Lula y Rousseff en Brasil, de los Kirchner en Argentina, los diez años de sometimiento de la OEA con Insulza, el control de Centro América y el Caribe con Petrocaribe, y las FARC desde Colombia, establecieron —entre otras cosas— el sistema de corrupción transnacional más grande de la historia. Desde narco estados, lavado de dinero a contratos de construcción de obras financiadas por Brasil con empresas brasileras, manipuladas por Castro, Chávez y Lula que destaparon el "lava jato" y el caso "Odebrecht".

Luego de ser víctima de la guerrillera y terrorismo vinculados al castrismo, Perú siempre fue un objetivo del castochavismo, pero no lograron establecer un régimen como los de Ecuador con Correa, Bolivia con Morales, Venezuela con Chávez y Maduro, y Nicaragua con Ortega, donde con discurso populista, suplantando el sistema institucional, con reformas constitucionales y/o asambleas constituyentes, referéndums, acabaron el estado de derecho y concentraron el poder para retenerlo indefinidamente.

El castrochavismo logró con algunos gobiernos de Perú su voto en organismos internacionales y apoyo, complicidad o indiferencia a las violaciones de derechos humanos y destrozo de la democracia que Castro y Chávez lograron en la región. Influyeron en la política interna y en procesos electorales con resultados relativos. La presencia castrochavista en la política peruana no ha sido ni es menor por la naturaleza del país y por la cantidad de recursos de que dispone el movimiento antidemocrático.

Lo que sí consiguió el castrochavismo en Perú fue envolverlo en la corruptela de Odebrecht y del lava jato que causó la caída del Presidente Pedro Pablo Kuczynski. La dictadura cubana que lidera el castrochavismo desde la muerte de Chávez maneja mafiosamente el tema de la corrupción, pues la usa para encubrir a sus leales en la propia Cuba, en Venezuela, Bolivia y Nicaragua donde se tapa el asunto Odebrecht, lava jato y otros, pero la aplica como arma política en la región como con PPK.

En los últimos días el Cardenal y Arzobispo de Lima Juan Luis Cipriani denunció que "un poder oscuro y muy fuerte, lentamente se va copando y realizando casualidades, algunos quedan tranquilos en su casa, otros en la cárcel". El Primado del Perú apunta que "hay una estrategia para cerrar el Congreso", que "los ataques forman parte de una estrategia que ya logró destruir el Poder Judicial", que "hay una pugna entre los tres poderes del Estado" y hace una llamada a la defensa de la democracia argumentando que "vale la pena reclamar en nombre del Estado de Derecho y en nombre del bienestar del país y la población un poco de dialogo y no amenazas, de un lado y del otro".

La destrucción de la democracia en Venezuela, Ecuador, Bolivia, Nicaragua y los intentos en Argentina, Brasil y otros países siguieron la agenda que ahora recorre el Perú. Atacan el sistema de partidos políticos, terminan con liderazgos que satanizan como tradicionales, hacen explotar la confianza en las instituciones, dinamitan el prestigio de la democracia y luego con manipulación populista cambian la constitución y anulan el Estado de Derecho.

JAIR BOLSONARO, UN APORTE VITAL A LA DEMOCRACIA EN BRASIL Y EN LAS AMÉRICAS

21 de octubre de 2018

La democracia de Brasil ha demostrado ser una de las más fuertes. Su sistema de justicia investigó y procesó la corrupción de alcance mundial "lava jato" con resultados como la condena de cárcel que cumple el ex presidente Lula da Silva. Su Poder Legislativo separó de la Presidencia a Dilma Rousseff con el *impeachment* constitucional. Hay libertad de prensa y un sistema electoral confiable. En crisis pero vigoroso institucionalmente, Brasil indica que su próximo Presidente será Jair Bolsonaro y ofrece un aporte vital para la democracia en Brasil y en las Américas.

Los resultados electorales ratifican como responsable de la crisis de Brasil a la acción delictiva del Partido de los Trabajadores (PT). Los gobiernos del PT usaron dinero de Brasil como créditos a otros gobiernos para que constructoras brasileras realicen obras en el exterior, con miles de millones de dólares en sobreprecios, sobornos y otros delitos destinados a expandir y sostener el grupo dictatorial del socialismo del siglo XXI o castrochavismo como expresión de poder del Foro de San Pablo.

Para el establecimiento de las dictaduras del siglo XXI en las Américas el dinero lo puso el petróleo de Venezuela malversado por Hugo Chávez. Con la llegada del PT al gobierno en Brasil agregaron la corrupción por el sistema de obras destapado con el "lava jato" y su denominación más importante "Odebrecht". La tercera fuente es

218 | CARLOS SÁNCHEZ BERZAÍN

el narcotráfico con las FARC de Colombia, los sindicatos cocaleros de Evo Morales en Bolivia y redes transnacionales vinculadas al terrorismo que señalan a las dictaduras de Venezuela, Cuba, Bolivia y Nicaragua como narco estados.

Al petróleo venezolano, corrupción PT y narcotráfico como las tres principales fuentes de financiamiento del castrochavismo, hay que agregar como soporte directo a la dictadura de Cuba los "contratos de médicos esclavos" y de otros rubros que incluyen "seguridad", implementados en Brasil por el PT, Venezuela con Maduro, Bolivia con Morales, Ecuador con Correa, Nicaragua con Ortega y otros países.

Estas son algunas razones por las que la propaganda de las dictaduras del castrochavismo pintan a Bolsonaro como el "diablo en la pared". La llegada a la Presidencia de Brasil de Jair Bolsonaro es letal para las dictaduras de Cuba, Venezuela, Bolivia y Nicaragua, pues acelera su caída e impulsa la restauración democrática en toda la región.

Bolsonaro proseguirá en lo interno el destape total del lava jato y la organización criminal del PT y el Foro de San Pablo, con efectos mayores en la limpieza y renovación de los liderazgos brasileros. Es su programa la protección de su territorio y población de la avalancha del narcotráfico de cocaína proveniente de Bolivia y Venezuela, para suprimir el daño mortal que causan al pueblo y economía brasileras.

Hasta ahora la política exterior de Brasil respecto a PT/Odebrecht en la región ha sido entregar la información de gobierno a gobierno y de esta manera los regímenes de Cuba, Venezuela, Bolivia, Nicaragua y Ecuador con Correa permanecen impunes porque son los propios implicados quienes han recibido y controlan la información. Esta farsa termina y los Castro, Maduro, Correa, Morales y Ortega quedan en evidencia con el crimen organizado que se ampara en la política y en gobiernos que esgrimen falsamente los principios de soberanía y autodeterminación para encubrir sus delitos.

Los cerca de 13.500 esclavos cubanos que sirven en Brasil bajo el sistema "mais médicos" al que se opuso siempre el diputado Bolsonaro reciben cerca de la cuarta parte del pago que Brasil realiza y la dictadura cubana se apropia del saldo. El plan Bolsonaro para este asunto es legalizar a los médicos cubanos en Brasil, permitir la migración de sus familias retenidas como rehenes en Cuba, cortando los millonarios ingresos que por este crimen recibe el castrismo, con efecto directo en el PIB cubano.

El aporte Bolsonaro —que el candidato del PT no puede hacer— a la democracia en Brasil y en toda América es información pública y plena del "sistema de crimen organizado transnacional" del PT-Castro-Chávez-Odebrecht hasta ahora encubierta, que implica a Castro, Chávez, Maduro, Correa, Morales, Ortega y sus cómplices; la protección efectiva del Brasil contra el narcotráfico; y el fin de la explotación de médicos esclavos cubanos.

7

FUERZAS ARMADAS

¿ES OBLIGACIÓN DE LAS FUERZAS ARMADAS RESTITUIR LA DEMOCRACIA?

31 de diciembre de 2017

El 2017 no deja duda que existen dictaduras en Cuba, Venezuela, Nicaragua y Bolivia. Son regímenes de facto que se sostienen en el poder mediante el uso de la fuerza, la represión violenta y judicializada, con "leyes infames" que han suplantado el estado de derecho. Las oposiciones son inviables e inexistentes porque están exiliadas, presas, extorsionadas, penetradas y/o manipuladas sin opción alguna de acceder al poder mediante elecciones y no hay libertad de prensa. La resistencia y la protesta civil son brutalmente reprimidas. En estas condiciones: es obligación de las Fuerzas Armadas restituir la democracia?

Cuba, Venezuela, Nicaragua y Bolivia son regímenes en los que se violan los derechos humanos con "leyes infames" que establecen la retroactividad de la ley, que penalizan el ejercicio de las profesiones libres, que son el mecanismo para imponer el miedo en el pueblo, con perseguidos, cientos de presos políticos y miles de exiliados políticos. Ha desaparecido el estado de derecho por la institucionalización de facto de la permanencia indefinida en el gobierno y el control de todos los poderes del estado. Las elecciones han sido reducidas a un ritual de fraude controlado por el régimen, ha desaparecido el voto universal y secreto como expresión de la soberanía popular.

La dictadura en Cuba se esfuerza por presentarse bajo el ridículo sofisma de "democracia de partido único". En Venezuela, Nicaragua y

Bolivia existe nominalmente oposición por conveniencia del régimen, pero se trata de una oposición amenazada , penetrada, manipulada y/o simulada que no tiene opción alguna de llegar al poder por medio de elecciones y la dictadura usa para darse la denominación de democracia, cuando todos los elementos esenciales de la misma han desaparecido.

Las características de estas dictaduras del socialismo del siglo XXI o castrochavismo son ineficiencia, corrupción, participación en el narcotráfico, declarado antiimperialismo con el que justifican sus vínculos y alianzas con el terrorismo, control de estado como grupos de "delincuencia organizada" y su necesidad de permanecer indefinidamente en el poder para tener impunidad.

Sus crímenes abarcan desde masacres y asesinatos a opositores y ciudadanos; manipulación judicial con pruebas fraguadas y falsas acusaciones; falsificación de normas jurídicas y suplantación constitucional; negociados en el estado y empresas; entreguismo y traición a la Patria; narcotráfico con producción de droga en la zona cocalera contralada por Evo Morales en Bolivia y las FARC en Colombia, justificados ante las Naciones Unidas (ONU) como acción antiimperialista; falsificación de datos económicos que deberían dar fe pública; sometimiento de sus pueblos a condiciones de hambre y miseria; expansión de la criminalidad, con encubrimiento y/o participación; crímenes de lesa humanidad; delitos de abusos sexuales, trata de personas, esclavismo y más.

En este escenario, Cuba ha atacado o permitido el ataque en su territorio a diplomáticos extranjeros; existen cuatro "informes Almagro" sobre Venezuela que detallan el ejercicio dictatorial de Nicolás Maduro; los jueces infames de Evo Morales han reconocido como derecho humano del dictador reelegirse indefinidamente; los Ortega han eliminado a la oposición y controlan el poder a perpetuidad. En Cuba, Venezuela, Nicaragua y Bolivia no se investiga la corrupción de Odebrecht y otras empresas brasileras que a partir del modelo del Foro de Sao Paolo con Lula-Rousseff expandieron el soborno en la región; todos estos países acercan relaciones con regímenes islámicos, buscan alianzas con otras dictaduras y defienden a Corea del Norte.

Los pueblos de Cuba, Venezuela, Nicaragua y Bolivia han caído es "estado de indefensión". Las Fuerzas Armadas que deberían ser "fuerzas armadas de la Nación" o sea del pueblo sujetas a la Constitución, están convertidas en las "fuerzas armadas del régimen" o sea en el sostén armado de las dictaduras por el entreguismo y corrupción de sus mandos. Tienen en funcionamiento la "Escuela Militar Antiimperialista del Alba" en Santa Cruz-Bolivia y han cambiado todos los planes de estudio de los colegios e institutos militares para reemplazar la doctrina militar nacional por la doctrina política del régimen. El objetivo es que las Fuerzas Armadas de Venezuela, Nicaragua y Bolivia sean en el plazo más corto posible como las de Cuba, simplemente grupos armados del régimen.

En democracia la subordinación y lealtad de las Fuerzas Armadas se debe a la Constitución, pero si el gobierno suplanta la constitución y oprime al pueblo, la subordinación y lealtad de las Fuerzas Armadas NO pueden permanecer obsecuente con el régimen. Cuál es el papel que corresponde a las Fuerzas Armadas en situaciones como las de hoy Cuba, Venezuela, Nicaragua y Bolivia? Es obligación de las Fuerzas Armadas defender al pueblo –del que forman parte– o a la dictadura? Tienen las Fuerzas Armadas la obligación de restituir la democracia?

Estas son preguntas de los ciudadanos y los pueblos sometidos de Cuba, Venezuela, Nicaragua y Bolivia. Es un tema social, político, académico e internacional sobre el que es necesario discutir sin complejos que den ventaja a los dictadores. No se trata de alentar golpes de estado, se trata de anular los golpes que los dictadores ya han perpetrado. No se trata de establecer gobiernos militares, se trata de restaurar gobiernos civiles con democracia, estado de derecho y alternancia en el poder. No se trata de violar los derechos humanos, se trata de poner fin a las violaciones que a diario cometen los dictadores y de reponer los derechos y garantías fundamentales de pueblos oprimidos por la fuerza.

LAS DICTADURAS CASTROCHAVISTAS
SOLO DEJARÁN EL PODER POR LA FUERZA

22 de julio de 2018

Los regímenes de Cuba, Venezuela, Nicaragua y Bolivia están organizados para permanecer indefinidamente en el poder, contra la voluntad de sus pueblos e ignorando el repudio internacional. Derrotados por la voluntad ciudadana, arrinconados por protestas populares, con crisis de las que son autores, hundidos en corrupción y narcotráfico, su gestión es una diaria cadena de delitos que ejecutan y encubren usando el poder político. Los dictadores castrochavistas envían desde hace mucho tiempo el mensaje inequívoco que dejaran el poder solo de la manera en que lo ejercen: por la fuerza.

Ninguna acción política o democrática interna o internacional ha logrado cambio alguno en la decisión de detentar el poder a perpetuidad de los regímenes del castrochavismo. Los Castro y su entorno en Cuba son los jefes del sistema transnacional montado desde que Hugo Chávez entregó el petróleo y la riqueza de Venezuela que han usado para empoderarse, logrando las dictaduras de Nicolás Maduro en Venezuela, Daniel Ortega/Murillo en Nicaragua y Evo Morales en Bolivia. Han perdido influencia y sufren el impacto del retorno a la democracia de Ecuador.

La dictadura de Cuba es el caso más destacado y trágico con sus casi sesenta años de oprobio, que ahora busca repotenciarse con la farsa de una "reforma constitucional" sin participación del pueblo. Los detentadores del poder en Cuba están viendo conveniente a su objetivo de retener el poder indefinidamente, reconocer alguna forma de propiedad privada y quitar la palabra "comunismo" de su texto, entre otros sofismas que sostienen por la fuerza.

La dictadura de Venezuela cree consolidada sus maniobras de "asamblea constituyente" y "reelección del dictador" realizadas sin participación del pueblo. Soporta una creciente presión ciudadana, Maduro se mantiene en el poder de facto pese a su destitución ordenada por la Asamblea Nacional. El número de presos políticos aumenta con la detención de militares y el dictador ejecuta ahora el viejo show cubano sesentista de "preparar al pueblo para una invasión imperialista". Grupos de paramilitares del régimen siembran terror y realizan ejecuciones extrajudiciales.

La dictadura de Nicaragua, solo en los últimos tres meses ha asesinado más de 350 personas, más de 1.200 heridos, cientos de presos y exiliados políticos. Para retener el poder usa el manido recurso del "dialogo" que manipula a su conveniencia mientras realiza "operaciones de limpieza" contra los defensores de la libertad con paramilitares encapuchados que torturan y matan sembrando el terror y Ortega/Murillo se declaran víctimas de un "golpe de estado" cuando el país entero pide que se vayan.

La dictadura de Bolivia acaba de ser reconocida por haber convertido el país en "la economía informal más grande del mundo". Afronta crecientes protestas populares para que cumpla el referéndum del 21 de febrero de 2016 (21F) en el que Evo Morales perdió su pretensión de reelegirse indefinidamente, pero cuyo mandato desconoce con un fallo de sus jueces que han declarado como "derecho humano" del dictador el ser candidato y hacer fraude a perpetuidad. Grupos de encapuchados han aparecido en Bolivia declarándose defensores de Evo Morales y de su "proceso de cambio" amenazando a la ciudadanía que defiende el 21F NO es NO. El dictador Morales ha pedido "sacar a chutazos" (patadas) a los defensores del 21F y tiene en apronte sus paramilitares y cocaleros.

La salida de Ecuador del grupo dictatorial es atribuida al "error" de Correa de no reelegirse indefinidamente y poner como "candidato controlado" a Lenin Moreno que resultó liderando el retorno a la democracia en curso. El Presidente Moreno convocó referéndum y consulta popular que suprimió la reelección indefinida y está desmontando el sistema de "represión política judicializada". Ha acusado a la dictadura de Nicaragua por sus actos criminales, ha llamado a consulta a su Embajador en Bolivia y anunciado que no enviará Embajador a Venezuela.

Las acciones y la estrategia de los dictadores de Cuba, Venezuela, Nicaragua y Bolivia para mantenerse por siempre en el poder son los mismos, los hechos demuestran que es "un plan de fuerza" en el que el crimen es el instrumento fundamental, el terror y la violencia sus herramientas. Castro, Maduro, Ortega/Murillo y Morales ejercen el poder por la fuerza y le están diciendo al mundo que solo lo dejaran por la fuerza.

LAS FUERZAS ARMADAS DE VENEZUELA, NICARAGUA Y BOLIVIA DEFINEN SU EXISTENCIA

19 de agosto de 2018

En momentos cruciales para la recuperación de la democracia y el retiro de las dictaduras de Venezuela, Nicaragua y Bolivia la pregunta es "si las Fuerzas Armadas (FFAA) deben obediencia a la Constitución o al régimen". En democracia la repuesta es muy fácil por la vigencia del "estado de derecho", pero las dictaduras construyen su aparato militar para que las FFAA respondan solo al dictador en el modelo de Cuba. Por eso las FFAA de Venezuela, Nicaragua y Bolivia definen su existencia, ya que si no son parte del proceso de liberación contra las dictaduras, los pueblos saben que no las necesitarán.

Para qué tener una Institución cuyo objetivo es la defensa de la Patria, de la integridad nacional, de la seguridad y el servicio al pueblo del que forman parte... ¿si cuando tienen que cumplir sus funciones no lo hacen, o peor, apoyan, sirven y se integran al opresor, al criminal, al que somete al soberano?

La expansión en las Américas de la dictadura castrista de Cuba con el rescate que le hizo el dictador Hugo Chávez malversando la riqueza de Venezuela y creando el socialismo del siglo XXI o castrochavismo, ha instalado y controla los regímenes narco dictatoriales de Nicolás Maduro en Venezuela, Daniel Ortega en Nicaragua y Evo Morales en Bolivia. El sostenimiento de los regímenes de facto urge el uso de la fuerza, para lo que es imprescindible controlar las FFAA, lo que han logrado —hasta ahora— por medio de la subordinación mal entendida, la corrupción y el terror, además de formar grupos armados irregulares y paramilitares.

Venezuela no deja duda de mandos militares corruptos integrados al régimen. Las acciones y decisiones de Padrino López y el entorno son de grupo criminal y no militares. Han convertido la Defensa de la Nación en una mafia que ya está señalada por las sanciones de Estados Unidos, de la Unión Europea, del Grupo de Lima, de la OEA y fichada por entidades de lucha contra el narcotráfico y la Convención de Palermo contra el crimen organizado. Tampoco escapan a la aplicación de La Haya por crímenes de lesa humanidad que incluyen el asesinato de camaradas, torturados y acribillados por cumplir con su juramento y obligación de defender a su pueblo, a su Patria. Centenas de militares presos y torturados acusados de conspirar prueban la criminalidad de los militares de la dictadura.

Nicaragua es la muestra de cobardía de quienes como militares deberían ser ejemplo de valentía. Vergüenza ajena ver al Jefe de las FFAA nicaragüenses "declararse neutral" y no defender al pueblo frente a las masacres, torturas y crímenes que Daniel Ortega y su vice-cónyuge Rosario Murillo cometen a diario. Cobardía, hipocresía y coartada, porque el pueblo acusa a los militares nicaragüenses de poner efectivos como paramilitares y enmascarados para masacrar. Los mandos militares nicaragüenses están cometiendo falsedad, omisión de deberes y están ayudando a la dictadura a permanecer en el poder. O reaccionan o periclitan, porque importantes voces como el ex Ministro de Defensa Pedro Joaquín Chamorro ya han planteado una Nicaragua post castrochavista sin FFAA, y Costa Rica es buen ejemplo.

Bolivia en los más de doce años de dictadura de Evo Morales ha creado mandos obsecuentes y corruptos. La dictadura se ha encargado de violar el orden de mérito en el ascenso, de nombrar comandantes a marginales que nunca hubieran merecido tal posición en democracia. La corrupción es la regla, con premios después del mando servil para enriquecimiento ilícito con cargos en aduanas, embajadas y empresas estatales. El tráfico de cocaína a Venezuela en aviones y con personal militar boliviano está demostrado por el periodista Leonardo Coutinho.

El servilismo ha creado hasta una marcha militar al dictador cocalero, impostando letra a un ritmo clásico alemán. A los militares bolivianos les está llegando la definitiva que pone fuera de zona a los venezolanos y demuele a los nicaragüenses. El pueblo boliviano tiene la esperanza que estarán a la altura de ser las "Fuerzas Armadas de la Nación", no de la dictadura.

Esto es solo la observación de la realidad objetiva, topografía social. El cambio es irreversible. Si sucede con o sin fuerzas armadas, depende sencillamente de lo que hagan los militares, eligiendo entre el crimen y su destrucción institucional o el cumplimiento de su deber.

www.ingramcontent.com/pod-product-compliance
Lightning Source LLC
Chambersburg PA
CBHW051344280526
45784CB00007B/2803